中等职业学校汽车运用与维修专业新课程教学用书

Qiche Xuanjia yu Zhuanxiang Xitong Weixiu Gongzuoye

汽车悬架与转向系统维修工作页

(第3版)

刘付金文　徐正国　主编

内 容 提 要

本书旨在培养学生胜任汽车悬架与转向系统维修工作的能力。本书由6个学习任务组成,即悬架与转向系统的维护、车轮的检修与换位、机械转向系统的检查与维修、电控助力转向系统的检查与维修、悬架的检查与维修、四轮定位。

本书既可作为职业院校汽车运用与维修专业学生的教学用书,也可以作为职业技能的岗位培训和其他从事相关专业人员的参考书。

图书在版编目(CIP)数据

汽车悬架与转向系统维修工作页/刘付金文,徐正国主编.—3版.—北京:人民交通出版社股份有限公司,2020.1

ISBN 978-7-114-16095-0

Ⅰ.①汽… Ⅱ.①刘…②徐… Ⅲ.①汽车—车悬架—车辆修理—中等专业学校—教学参考资料②汽车—转向装置—车辆修理—中等专业学校—教学参考资料 Ⅳ.①U472.41

中国版本图书馆 CIP 数据核字(2019)第 279100 号

书　　名	汽车悬架与转向系统维修工作页(第3版)
著 作 者	刘付金文　徐正国
责任编辑	李　良
责任校对	张　贺
责任印制	张　凯
出版发行	人民交通出版社股份有限公司
地　　址	(100011)北京市朝阳区安定门外外馆斜街3号
网　　址	http://www.ccpress.com.cn
销售电话	(010)59757973
总 经 销	人民交通出版社股份有限公司发行部
经　　销	各地新华书店
印　　刷	北京市密东印刷有限公司
开　　本	880×1230　1/16
印　　张	9
字　　数	253 千
版　　次	2008年9月　第1版 2013年8月　第2版 2020年1月　第3版
印　　次	2021年8月　第3版　第2次印刷　总计第14次印刷
书　　号	ISBN 978-7-114-16095-0
定　　价	26.00元

(有印刷、装订质量问题的图书由本公司负责调换)

中等职业学校汽车运用与维修专业新课程教学用书

主　　编　刘建平　辜东莲
顾　　问　赵志群

编 委 会

主任委员　周炳权　胡学兰
副主任委员　刘建平　张燕文　辜东莲
编　　委　（按姓氏笔画排序）

叶伟胜	冯明杰	刘付金文	刘桂松
刘　毅	朱伟文	齐忠志	何　才
何媛嫦	张东燕	张　发	张琳琳
李　琦	邱志华	邱志成	陆宝芝
陈万春	陈高路	陈楚文	麦锦文
巫兴宏	庞柳军	林文工	林志伟
林夏武	林根南	林清炎	林鸿刚
武　华	武剑飞	段　群	胡炳智
赵中山	唐奎仲	唐蓉芳	徐正国
萧启杭	曾晖泽	赖　航	蔡北勤
鞠海鸥	魏发国		

序

看过人民交通出版社发给我的由刘建平和辜东莲两位老师主编的《中等职业学校汽车运用与维修专业新课程教学用书》系列教材样稿后，不禁感慨万千。汽车维修专业课程改革在我国已经开展多年了，如何打破传统的"基础课、专业基础课、专业课"的三段式模式，以及改变以"教师、教室、教材"为核心的三中心特征，一直以来备受关注。虽然有许多学校都在尝试着改革，也取得了许多可喜的成果，但真正意义上的突破还是不多。这套教材的出现真正让我有了一种"久旱逢甘雨"的感觉。记得2004年6月应广州市交通运输职业学校之邀，我参加了该校模块化教学改革研讨会，参观学校模块化教学实训中心，并与老师们一起讨论模块化教材编写，那次接触让我看到了这所学校在汽车维修专业改革中"敢为人先"的闯劲。现在看到教材样稿果然不同凡响，再次让我感受到广州市交通运输职业学校在汽车维修专业改革上的不断创新精神。

汽车维修中职教育首先有着明确的培养目标，那就是培养当代汽车维修技术工人。怎样把学生培养成合格的人才是汽车维修中职教育的关键所在，而在教学过程中理论与实践结合应该采取何种形式又是问题的要点所在。汽车维修教学中理论与实践结合往往容易出现重视形式上的结合，忽视实质上结合的问题，例如：将汽车构造教材与汽车维修教材简单地合编成"理实"结合在一起的教材，还有将教室直接搬到实训中心内的形式上的"理实"结合等。真正的"理实"结合应该是根据培养对象和培养目标来确定的有着实际内涵的"理实"结合。这套教材以汽车维修实际工作任务为核心，将专业能力与关键能力培养、学习过程与工作过程融为一体以此展开相关联部分的系统结构、系统原理、维修工艺、检验工艺、工具量具使用、技术资料查阅以及安全生产等内容的"理实"一体化教学。这种方式首先以动手解决具体问题为目标，这样可以极大地调动学生的学习兴趣，学生在学习技能的同时，将必要的理论知识结合在实践过程中一起学习，让学生不仅掌握怎么做的要领，还教给学生为什么这样做的道理。在这种模式中，学生是为了更好地理解所要完成的学习任务才去学习相关理论知识的，这就调动了学生学习理论知识的主动性。学生在学习并完成了实用的汽车维修工作任务后，激发出来的职业成就感，必然会使学生重建因学会工作的内容而久违了的自信心，这正是我们职业教育最应该达到的教学效果。

我为这套教材所呈现的课程模式感到由衷的高兴，并对付出辛勤劳动撰写这套教材的每一位老师表示由衷的感谢。我真诚地希望这套教材能够为我国汽车维修专业改革送上一股不断创新的强劲东风，为创造出更加适合我国国情的汽车维修专业课程模式投石问路，为汽车维修职业教育的发展锦上添花。

朱 军

第 3 版前言

依据设计导向的职业教育思想,以培养学生综合职业能力为目标,以工作过程系统化为教学原则,广州市交通运输职业学校组织专家与老师编写了"中等职业学校汽车运用与维修专业新课程教学用书"。该套教学用书采用工作页的编写模式,以工作过程系统化课程构建、理论实践一体化教学实施和丰田、通用等校企合作项目开展为教学实践基础,是一套符合职业成长规律的工学结合课程教学用书。

本套教学用书自 2007 年 9 月首次出版以来,获得社会各界的一致好评,并于 2013 年修订再版。2012 年,本套教材申报教育部"中等职业教育改革创新示范教材",有多本教材入选,2014 年以本套教材为核心成果的"基于能力培养的中职汽车运用与维修专业工学结合课程研究与实践"获评国家级教学成果一等奖。这也证明了本套教材不论在教学理论、教学内容,还是教学组织形式上,都具有较强的改革创新特性,值得向全国广大的职业院校进行推广。

该套教学用书重点强调对学生自主学习能力培养,旨在使学生在完成典型工作任务的过程中,学会学习,学会工作。在处理学生与教师的关系、学习目标、课程内容、学习过程和学业评价等方面,该套教学用书具有如下特点。

1. 学生有学习的空间

首先,学习之初所明确的具体学习目标和学习内容,可使学生随时监控自己的学习效果,自我评价和他人评价的结合,为实现个性化的学习创造了条件;其次,体系化的引导问题强化了学生的主体地位,给学生留下充分思考、实践与合作交流的时间和空间,使学生亲身经历观察、操作、交流和反思等活动;再次,工作页中并不全部直接给出学习内容,而是需要学生通过开放性的引导问题和拓展性学习内容去主动获取,旨在培养学生的自主学习能力,从而使学生能够进一步理解技术知识并提高解决问题的能力;最后,尽量营造接近现实的工作环境,从栏目设置、文字表达、插图到学习内容的安排,都鼓励学生去主动获得学习和工作的体验。

2. 教师角色的多元化

本套教材在明确学习目标的情况下,通过引导问题来提供与完成学习任务联系十分紧密的知识,为教学组织与实施留下许多的创造空间。需要教师转换角色,从一名技术知识的传授者,转化为提高学生综合职业能力的促进者、学习任务的策划者、学习行动的组织动员者、学习资源的提供者、制定计划与实施计划的咨询者、学习过程的监督者以及学习绩效的评估和改善者,即教师的多元化角色。因此,建议在教学实施中,由教师团队共同负责组织教学。

3. 学习目标的工作化

学习目标就是工作目标,既能体现职业教育的能力要求,又能具有鲜明的工作特征。这里的能力不仅仅强调"操作性"与"可测量性",是具有专业内容的综合职业能力,包括专业能力和关键能力,既有显性的、可测量和可观察的工作标准要求,也含有隐性的、不可测量的能力和经验成分。与此同时,学习目标不但具有适度开放的空间,既不拘泥于当前学校或企业的状况,还能充分体现出职业生涯成长的综合要求。

4. 课程内容的综合化

课程内容的综合化体现在:一方面,每个学习任务的内容都具有综合性的特征,既有技能操作,也有知识学习,是工作要求、工作对象、工具、方法和劳动组织方式的有机整体,反映了工作与技术、社会和生活等的密切联系;另一方面,反映典型工作任务的学习任务也具有综合性的特征,要求每个学习任务的内容虽相互独立但又具有内在的联系。

5. 学习过程的行动化

行动化的学习过程首先体现在行动的过程性,让学生亲身经历实践学习和解决问题的全过程,在实践行动中学习,而非以往那种完成理论学习后再进行实践的学习过程;其次是行动的整体性,无论学习任务的大小和复杂程度如何,每个学习任务都要学生完成从明确任务、制定计划、实施计划、检查控制到评价反馈这一完整的工作过程;再次,有尝试新行动的实践空间,尽量创造条件让学生探索解决其未遇到过的实际问题,包括独立获取信息、处理信息,整体化思维和系统化思考。

6. 评价反馈的过程化

过程化首先体现在评价反馈是完整学习过程的一部分,是对工作过程和结果的整体性评价,是学习的延伸和拓展;其次在计划与实施环节中,工作的"质量控制与评价"贯穿于整个过程。过程化的学习评价可帮助学生获得初步的总结、反思及自我反馈的能力,为提高其综合职业能力提供必要的基础。

随着汽车技术的升级换代,综合参考全国各地职业院校和出版社反馈的使用意见,编者在第2版基础上进一步修订,"中等职业学校汽车运用与维修专业新课程教学用书(第3版)"得以与社会各界见面。与第2版相比,本版教材作了如下改进:

(1) 车型技术进行了更新升级。本套教材仍然以丰田卡罗拉车型为主要技术载体,从2010款卡罗拉车型升级为2014款卡罗拉车型,紧跟市场变化。

(2) 通过学习拓展等方式增加新技术。删减了已逐渐淘汰的汽车技术,通过学习拓展等方式新增了车身电子稳定系统(ESP)、车载局域网、汽油机缸内直喷、空调电动压缩机、电池能源管理系统等技术。

(3) 对第2版中的错漏部分进行了修订。

(4) 重要知识点旁配置了二维码,扫码可观看该知识点的动画或视频,可使教学更加立体化。

本套教材由广州市中等职业教育地方教材建设委员会组织编写,广州市教育局教学研究室和广州市交通运输职业学校共同主持实施,并得到了人民交通出版社股份有限公司的指导,丛书主编为广州市交通运输职业学校刘建平和广州市教育局教学研究室辛东莲,特邀北京师范大学技术与职业教育研究所所长赵志群为课程设计顾问。

本书由广州市交通运输职业学校刘付金文、徐正国主编。其中刘付金文、徐正国编写学习任务1和学习任务2,徐正国、唐奎仲编写学习任务3和学习任务4,冯明杰、菊海鸥编写学习任务5和学习任务6,全书由刘付金文统稿,华南农业大学刘仲国教授审稿。广州市汽车工业贸易东风雪铁龙4S店李萍、广州市沙河丰田汽车贸易有限公司彭军、东风雪铁龙服务总部黄润森等企业专家为本书的编写提供了大量的技术支持。

由于教材编者的编写工作是在不断的实践和理论学习过程中进行,正处于不断的学习与更新过程中,难免有不妥之处,还请使用本书的广大师生不吝批评指正。

编　者
2019年8月

亲爱的同学,你好!

欢迎你就读汽车运用与维修专业!

在我国,汽车产品、技术日新月异,汽车快速普及,汽车行业迅速发展,汽车维修技术人员已成为技能型紧缺人才,作为未来的汽车维修技术能手,你将如何迎接这一挑战? 在此,希望我们的新课程工作页能够为你的职业成长提供帮助,为你职业生涯打下坚实的基础。

与你过去使用的教材相比,你手里的工作页是一套全新的教学材料,它能帮助你了解未来的工作,学习如何完成汽车维修中重要的典型工作任务,按照职业成长规律,促进你的综合职业能力发展,使你快速成为令人羡慕的汽车维修技术能手!

为了让你的学习更有效,希望你能够做到以下几点。

一、主动学习

要知道,你是学习的主体。工作能力主要是靠你自己亲自实践获得的,而不仅是依靠教师在课堂上讲授。教师只能为你的学习提供帮助。比如说,教师可以给你解释汽车发生的故障,向你讲授汽车维修的技术,教你使用汽车维修的工具,为你提供维修手册,对你进行学习方法的指导。但在学习中,这些都是外因,你的主动学习才是内因,外因只能通过内因起作用。职业成长需要主动学习,需要你自己积极地参与实践。只有在行动中主动和全面地学习,才能很好地获得职业能力,因此,你自己才是实现有效学习的关键所在。

二、用好工作页

首先,你要了解学习任务的每一个学习目标,利用这些目标指导自己的学习并评价自己的学习效果;其次,你要明确学习内容的结构,在引导问题的帮助下,尽量独立地去学习并完成包括填写工作页内容等的整个学习任务;再次,你可以在教师和同学的帮助下,通过查阅维修手册等资料,学习重要的工作过程知识;最后,你应当积极参与小组讨论,去尝试解决复杂和综合性的问题,进行工作质量的自检和小组互检,并注意规范操作和安全要求,在多种技术实践活动中你要形成自己的技术思维方式。

三、把握好学习过程、学习内容和学习资源

学习过程是由学习准备、计划与实施和评价反馈所组成的完整过程。你要养成理论与实践紧密结合的习惯,教师引导、同学交流、学习中的观察、动手操作和评价反思都是专业技术学习的重要环节。

本课程的学习内容以丰田卡罗拉底盘系统为主线,学习过程中也可结合丰田威驰底盘系统、大众捷达底盘系统的内容。你要学会使用这三种维修手册以及依据维修手册进行规范操作。

学习资源可参阅化学工业出版社的《新型丰田汽车维修技师手册(机械维修)》(文恺,2016)、人民邮电出版社的《汽车构造(底盘部分)》(沈沉,惠有利,刘杨,2016)、COROLLA 修理手册(丰田汽车(中国)有限公司,2014)。要经常阅览汽车发动机控制系统检测与维修网页,学习最新的技术和实际维修的技术

通报,拓展你的学习范围。

  你在职业院校的核心任务是在学习中学会工作,这要通过在工作中学会学习来实现,学会工作是我们对你的期待。同时,也希望把你的学习感受反馈给我们,以便我们能更好地为你服务。

  预祝你学习取得成功,早日实现汽车维修技术能手之梦!

编 者
2019 年 8 月

学习任务 1　悬架与转向系统的维护 ··· 1
学习任务 2　车轮的检修与换位 ·· 15
学习任务 3　机械转向系统的检查与维修 ·· 40
学习任务 4　电控助力转向系统的检查与维修 ··· 60
学习任务 5　悬架的检查与维修 ·· 76
学习任务 6　四轮定位 ··· 104
参考文献 ··· 133

汽车悬架与转向系统维修工作页学习任务结构图

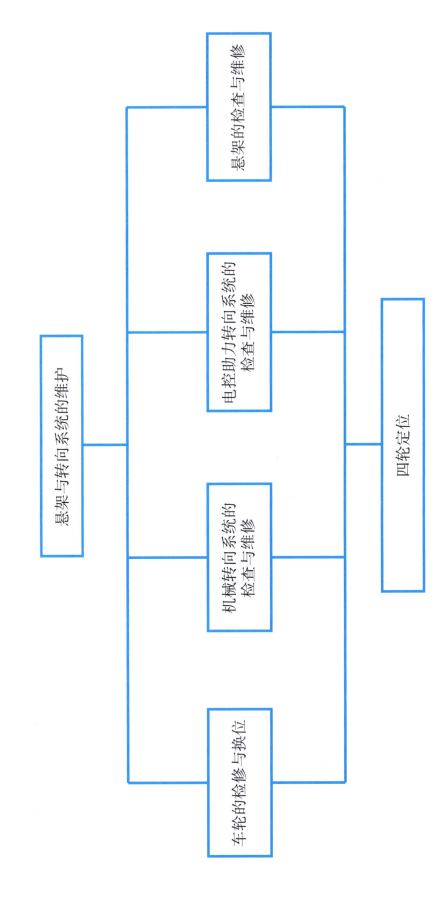

学习任务1　悬架与转向系统的维护

学习目标

完成本学习任务后,你应当能:
1. 懂得车辆识别码(VIN码)的含义;
2. 叙述悬架与转向系统的作用;
3. 辨别不同类型的悬架与转向系统;
4. 阅读维修资料,按照给定的维修计划,完成悬架与转向系统的维护。

建议完成本学习任务为12学时

内容结构

- VIN车辆识别码的含义
- 悬架与转向系统的基本检查
- 悬架与转向系统的作用和使用
- 悬架系统的维护
- 悬架与转向系统的类型
- 转向系统的维护

（中心主题：悬架与转向系统的维护）

学习任务描述

认识汽车上悬架与转向系统的组成部件,并按技术要求进行维护。

汽车的悬架与转向系统是汽车的悬架部分和转向部分的总称,是汽车上的重要总成之一,因为它们在结构上关系密切而被联系在一起,其性能将影响汽车的行驶舒适性和行驶安全性。

一、学习准备

 1. 车辆识别码又称为车辆 VIN 码,它是汽车的"身份证号码",从中可以了解到很多关于该车辆的信息。

(1) 车辆识别码(简称"VIN")是国际上通行的标识机动车辆的代码。

车辆识别码相当于其"身份证号码"。从车辆识别码上可以看出车辆的生产国家、生产厂家、总装工厂、生产年份等,如图1-1所示。

图1-1 车辆识别码(VIN)标牌

(2) 车辆识别码由17位数字和字母组成。

车辆识别码由17位数字和字母组成,一车一码,具有法律效用,30年内不会重号。通用公司甚至还在识别码上加有条码,便于电脑识别与检索。车辆识别码根据内容可以分为六大部分,见表1-1。

车辆识别码位数及分区 表1-1

识别码位数	1	2	3	4	5	6	7	8	9	10	11	12	13	14	15	16	17
分区	一			二					三	四	五	六					

第一部分:3个代码,分别为生产国家、生产厂家、车型类别代号,以数字或字母标识(第1~3位)。

第二部分:5个代码,代表车辆特征,由各生产厂自定含义,用时需查找说明书获得(第4~8位)。

第三部分:表示检验数字,可用字母或数字表示,厂家自定(第9位)。

第四部分:生产年份代码,用字母或数字表示,国际通用(第10位)。

第五部分:总装工厂代码,用字母表示,厂家自定(第11位)。

第六部分:出厂顺序号,厂家自定(第12~17位)。

在17位码中,生产国家1和生产年份10代码为各国汽车厂通用。

(3) 世界著名的汽车公司车辆识别码的含义,见表1-2。

世界著名的汽车公司车辆识别码的含义 表1-2

VIN码位数	美国福特	奔驰	丰田	上海通用	宝马
1	生产国家	生产国家	生产国家	生产国家	生产国家
2	生产厂家	厂家代码	生产厂家	厂家代码	生产厂家
3	车型类别		车型类别		车型类别
4	安全保护装置	车身及底盘系列	发动机型号	车系和系列	车型代码
5	车型代码	发动机类型	车型代码		
6	车身类型	车型代码	车型与型号	车身类型	发动机型号
7			系列/级别	安全保护装置	
8	发动机型号	安全保护装置	车身类型	发动机型号	安全保护装置
9	检验数字	检验数字	检验数字	检验数字	检验数字
10	生产年份	生产年份	生产年份	生产年份	生产年份
11	总装工厂	总装工厂	总装工厂	总装工厂	总装工厂
12~17	出厂顺序号	出厂顺序号	出厂顺序号	出厂顺序号	出厂顺序号

(4)车辆识别码(VIN)标牌在汽车上的位置,如图1-2所示。

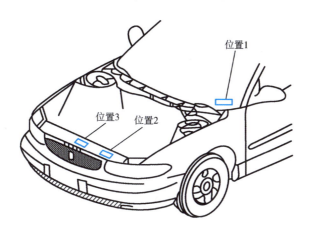

图1-2 标牌在汽车上的位置

车辆识别码(VIN)标牌一般放置在车内某处,如美国汽车识别码(VIN)标牌置放在前风窗玻璃左下角仪表台上,欧洲国家和日本17位码标牌放在车内暗处。不同国家或汽车生产厂家,其VIN含义有细微的不同,由于各国之间无统一规定,须查询说明书获知。

(5)上海通用汽车(SGM)车辆生产年份代码见表1-3。

上海通用汽车(SGM)车辆生产年份代码　　　　　表1-3

年　份	代　码	年　份	代　码	年　份	代　码
1981	B	1991	M	2001	1
1982	C	1992	N	2002	2
1983	D	1993	P	2003	3
1984	E	1994	R	2004	4
1985	F	1995	S	2005	5
1986	G	1996	T	2006	6
1987	H	1997	V	2007	7
1988	J	1998	W	2008	8
1989	K	1999	X	2009	9
1990	L	2000	Y	2010	A

(6)在上海通用汽车(SGM)车辆识别码中生产国家代码的含义见表1-4。

上海通用汽车(SGM)车辆识别码中生产国家代码的含义　　　　　表1-4

代码	1	2	3	4	W	K	L	G
国家	美国	加拿大	墨西哥	美国	德国	韩国	中国	英国

(7)根据以上的信息,在表1-5空白栏内填写以下某辆汽车的车辆识别码(VIN)的含义。

| L | S | G | W | L | 5 | 4 | W | 3 | X | S | 1 | 2 | 3 | 4 | 5 | 6 |
| ① | ② | ③ | ④ | ⑤ | ⑥ | ⑦ | ⑧ | ⑨ | ⑩ | ⑪ | ⑫ | ⑬ | ⑭ | ⑮ | ⑯ | ⑰ |

某辆汽车的车辆识别码含义　　　　　　　　表 1-5

VIN 码位数	定义	字符	说明
1	生产国家	L	
2~3	生产厂标	SG	
4~5	车系和系列	DC	GL8
		WL	GL
		SJ	SAIL
		WK	GLX 或 GS
6	车身类型	5	四门轿车(GM 款式 69)
		8	客货两用旅行小轿车、四门、双滑动门
7	安全保护系统	2	主动(手动)安全带及驾驶员和乘客座充气式保护装置(正面)
8	发动机序列号	W	多点燃油喷射高输出 3.0L、六缸 V 形发动机(常规选装件代码 LW9)
9	检验数字	3	检验数字
10	生产年份	X	
11	总装工厂	S	
12~17	出厂顺序号	1,2,3,4,5,6	

 小思考

车辆的 VIN 码在什么位置？有什么作用？

2. 汽车的悬架与转向系统有什么作用？

汽车悬架与转向系统是汽车的悬架系统和转向系统的合称,因为它们在结构上关系密切而被联系在一起。悬架是汽车上的重要总成之一,它把_____和车轮弹性地连接在一起。悬架的主要作用是传递作用在车轮和车身之间的一切力和力矩,比如支撑力、制动力和驱动力等,并且缓和由不平路面传给车身的冲击载荷,衰减由此引起的振动,保证乘员的_____,减小货物和车辆本身的动载荷。悬架与转向系统在汽车上安装位置和组成如图 1-3、图 1-4 所示。

学习任务1　悬架与转向系统的维护

图1-3　悬架与转向系统在汽车上的位置

图1-4　悬架系统的基本组成

驾驶员通过_____来操纵和控制汽车的行驶方向,通过_____和一系列的杆件传递到车轮从而实现自己的行驶意图。在现代汽车上,转向系统是必不可少的最基本的系统之一,它也是决定汽车主动安全性的关键总成。转向系统的基本组成如图1-5所示。

图1-5　转向系统的基本组成

3. 汽车的悬架与转向系统由哪些零件组成?

汽车悬架与转向系统的组成如图1-6、图1-7所示。

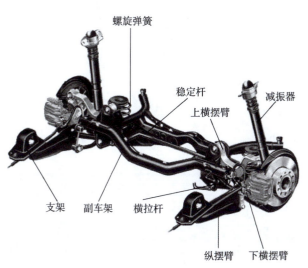
图1-6　悬架系统的组成

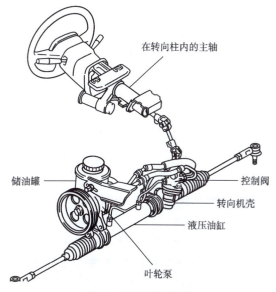
图1-7　转向机构的构成

4. 汽车悬架与转向系统有哪些类型？

1）汽车悬架的分类

（1）非独立悬架。两侧车轮安装在一根整体式车桥上，车轮和车桥一起通过弹性元件悬挂在车架（或车身）下面。当一侧车轮因路面不平等原因相对于车架（或车身）的位置发生变化时，另一侧车轮的位置也随之发生变化，如图1-8所示。

（2）独立悬架。两侧车轮各自独立地通过弹性元件悬挂在车架（或车身）下面，其配用的车桥都是断开式车桥。这样，当一侧车轮相对于车架（或车身）位置发生变化时，对另一侧车轮几乎不产生影响，如图1-9所示。

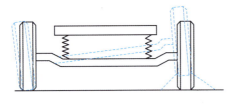

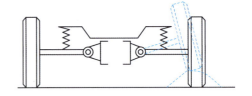

图1-8　非独立悬架　　　　　　　　　　图1-9　独立悬架

2）转向系统的分类

转向系统的种类较多，按驱动力分为机械式转向系统和_____系统，如图1-10、图1-11所示。

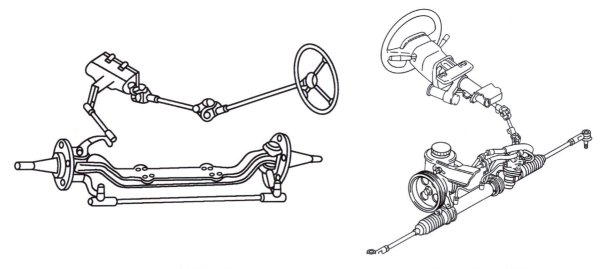

图1-10　机械式转向系统　　　　　　　图1-11　助力转向系统

按转向器中传动副的结构形式分类，目前应用较广泛的有_____式、循环球式和蜗杆曲柄式三种类型。

学习拓展

1. 汽车悬架系统的发展历史

（1）汽车发明早期，悬架系统是使用马车的弹性钢板。

（2）1908年，螺旋弹簧开始用于轿车。

(3)1930年以后,独立悬架开始出现,并迅速发展起来。减振器也由早期的摩擦式发展为液力式。

(4)20世纪50年代后,主动悬架的概念诞生。雪铁龙公司在1955年发明的一种液压-空气悬架系统,可以使汽车具有较好的行驶性能和舒适性,但是它的制造工序太复杂,最终未能普及。

(5)到20世纪90年代,日产公司在无限Q45轿车上应用了新式主动悬架,进一步提高了轿车适应崎岖路面的能力。

(6)最新面世的悬架控制系统大量采用了电子控制技术,奔驰公司称之为主动式车身控制系统,简称ABC。

2.汽车转向系统的发展历史

(1)随着汽车工业的迅速发展,转向系统的结构也有很大变化。从目前使用的普遍程度来看,主要的转向器类型有4种:蜗杆销式(WP型)、蜗杆滚轮式(WR型)、循环球式(BS型)、齿条齿轮式(RP型)。这4种转向器形式,已经被广泛使用在汽车上。

(2)目前,在世界范围内,汽车循环球式转向器占45%左右,齿条齿轮式转向器占40%左右,蜗杆滚轮式转向器占10%左右,其他形式的转向器占5%左右。循环球式转向器一直在稳步发展。在西欧轿车中,齿条齿轮式转向器的发展速度快。日本汽车转向器的特点是循环球式转向器占的比重越来越大,日本装备不同类型发动机的各类型汽车,采用不同类型转向器,在公共汽车中使用的循环球式转向器,已由20世纪60年代的62.5%发展到现今的100%(蜗杆滚轮式转向器在公共汽车上已经被淘汰)。大、小型载货汽车大都采用循环球式转向器,但齿条齿轮式转向器也有所发展;微型载货汽车用循环球式转向器占65%,齿条齿轮式占35%。

(3)综合上述对有关转向器品种的使用情况,得出以下发展趋势:循环球式转向器和齿轮齿条式转向器,已成为当今世界汽车上主要使用的两种转向器;而蜗轮滚轮式转向器和蜗杆销式转向器,正在逐步被淘汰或保留较小的比例。

不同国家,在轿车上使用不同类型的转向器,美国和日本重点使用循环球式转向器,占比都已达到或超过90%;西欧则重点使用齿轮齿条式转向器,占比超过50%,法国已高达95%。

由于齿轮齿条式转向器的种种优点,在小型车(包括轿车、小型载货汽车或客货两用车)上的应用得到突飞猛进的发展;而大型车辆则以循环球式转向器为主。

5.现代汽车中,驾驶员如何使用悬架与转向系统相关的控制功能?

随着电子技术的发展,可变特性悬架控制系统出现了。驾驶人可根据运行条件与路面状况,以手动控制悬架特性变化。常见的悬架指示灯及开关位置如图1-12、图1-13所示,开关标识含义见表1-6。

常见的悬架控制系统开关标识含义 表1-6

开关标识	含　义	备　注
NORM	标准悬架模式	汽车行驶的标准悬架特性
HIGH	较高悬架模式	较高的汽车车身悬架
SPORT	运动型悬架模式	相当于高级跑车的悬架特性,转弯等操纵比较灵活
TOURING	柔性悬架模式	相当于高级旅行车的悬架特性,舒适和稳定性较好

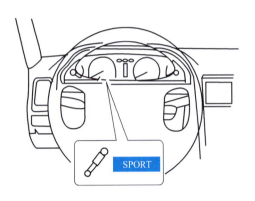

图1-12 空气悬架指示灯的位置

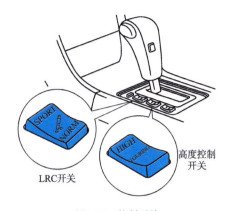

图1-13 控制开关

二、计划与实施

维护的工作内容主要包括：工作情况检查、_____检查、定期更换零件、紧固检查、_____和液位检查。

 6. 为保证计划实施的准确性，实施前对车辆信息进行检查、登记和核实。请将表**1-7**填写完整。

信息记录表　　　　　　　　　　　　　　　　　　表1-7

项　目	内　容
生产年份	
车型	
行驶里程(km)	
轮胎型号	
工具	常用工具、轮胎气压表等
参考资料	维修手册
其他要求	统一穿着保护性衣物

 7. 在教师的指导下，参考使用手册或相关资料进行悬架与转向系统的维护工作。

1）车轮的检查与维护

(1) 检查轮胎胎面是否有裂纹和损坏，如图1-14所示。　　　　　　　□任务完成

(2) 检查胎面是否嵌入金属颗粒、石子或其他异物，如图1-15所示。　□任务完成

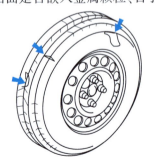

图1-14 检查轮胎胎面是否有裂纹或损坏

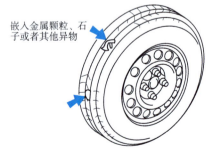

图1-15 检查并清除嵌入轮胎的异物

(3)测量胎面花纹深度,如图1-16所示。　　□任务完成

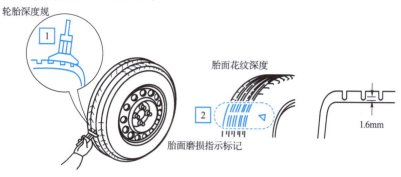

图1-16　测量胎面花纹沟槽深度

(4)检查轮胎胎面异常磨损,如图1-17所示。　　□任务完成

a) 单边磨损　　b) 双边磨损　　c) 中间磨损　　d) 羽状磨损

图1-17　轮胎的异常磨损

(5)测量轮胎气压,如图1-18所示。　　□任务完成

(6)检查轮胎是否漏气,如图1-19所示。　　□任务完成

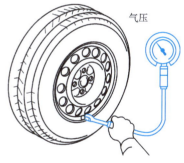 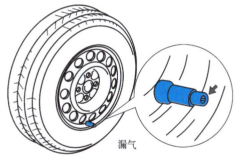

图1-18　测量轮胎气压　　　　图1-19　检查轮胎是否漏气

(7)检查轮辋是否有损坏或被腐蚀,如图1-20所示。　　□任务完成

(8)如以上项目检查正常,则进行车轮换位,如图1-21所示。　　□任务完成

 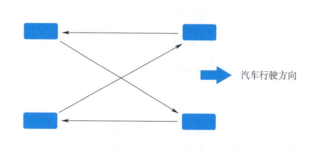

图1-20　检查轮辋　　　　图1-21　车轮换位示意图

> 小提示

(1) 对于子午线轮胎,应保持同花纹轮胎用在车辆的同一侧,即保持相同的旋转方向。
(2) 带有导向性花纹或单导向花纹的轮胎(邓禄普SP9000为例)不允许直接交叉换位。
(3) 雪地轮胎或带防滑钉的轮胎车轮,不应换位。

2) 备用车轮检查
(1) 检查轮胎是否有裂纹和损坏。　　　　　　　　　　　　　　　　　□是　□否
(2) 检查轮胎表面是否嵌入金属颗粒、石子或其他异物。　　　　　　　□是　□否
(3) 测量胎面花纹沟槽深度(测量规)。　　　　　　　　　　　　　　□正常　□不正常
(4) 检查轮胎是否有异常磨损。　　　　　　　　　　　　　　　　　　□有　□无
(5) 检查轮胎气压。　　　　　　　　　　　　　　　　　　　　　　　□正常　□不正常
(6) 检查轮胎是否漏气。　　　　　　　　　　　　　　　　　　　　　□是　□否
(7) 检查轮辋是否损坏或腐蚀。　　　　　　　　　　　　　　　　　　□是　□否

3) 转向系统的检查与维护
(1) 扳动转向信号灯开关,检查转向信号灯和指示灯是否点亮。　　　　□是　□否
(2) 转向盘回正,检查转向灯是否熄灭。　　　　　　　　　　　　　　□是　□否
(3) 检查动力转向液压油是否添加到规定液面高度;转动转向盘,左转至底后再右转至底,重复三次,预热转向液压油。　　　　　　　　　　　　　　　　　　　　　　　　　　　□任务完成
(4) 转向液压油液面如不到规定位置,则添加至规定液面位置。　　　　□任务完成
(5) 检查动力转向(齿轮箱)是否泄漏。　　　　　　　　　　　　　　□是　□否
(6) 检查液压泵是否有泄漏(图1-22)。　　　　　　　　　　　　　　□是　□否
(7) 检查液体管路和接头处是否有泄漏。　　　　　　　　　　　　　　□是　□否
(8) 检查动力转向软管是否有裂纹或其他损坏。　　　　　　　　　　　□是　□否
(9) 检查转向节是否有损坏。　　　　　　　　　　　　　　　　　　　□是　□否
(10) 检查ESP(电动助力转向)故障指示灯是否点亮。　　　　　　　　□是　□否

4) 轮轴和其他连接件的检查与维护
(1) 检查驱动轴护套是否有裂纹和其他损坏(外侧)如图1-23所示。　　□是　□否

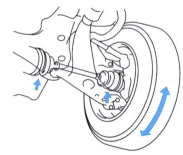

图1-22　检查液压叶轮泵是否泄漏　　　　图1-23　检查驱动轴护套

(2) 检查驱动轴护套是否有裂纹和其他损坏(内侧)。　　　　　　　　□是　□否
(3) 检查驱动轴润滑脂是否有渗漏(外侧)。　　　　　　　　　　　　□是　□否
(4) 检查驱动轴润滑脂是否有渗漏(内侧)。　　　　　　　　　　　　□是　□否

(5)检查车轮轴承有无松旷现象,如图 1-24 所示。　　　　　　　　　　□有　□无

(6)检查车轮轴承转动状况及是否有异响,如图 1-25 所示。　　　　　□有　□无

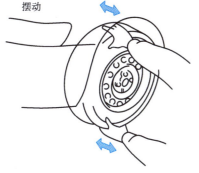

图 1-24　检查车轮轴承有无松旷现象

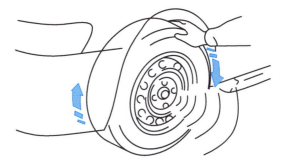

图 1-25　检查车轮轴承转动情况及异响

(7)检查转向横拉杆是否松旷、有无弯曲和损坏,如图 1-26 所示。　　□是　□否

(8)检查防尘套是否开裂和撕破,如图 1-27 所示。　　　　　　　　　□是　□否

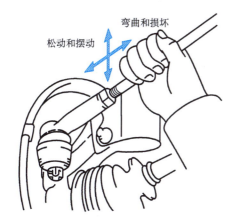

图 1-26　检查横拉杆是否松旷、有无弯曲和损坏

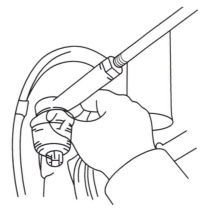

图 1-27　检查防尘套是否开裂和撕破

(9)检查下摆臂球节是否有滑动间隙,如图 1-28 所示。　　　　　　　□有　　□无

(10)检查下摆臂球节垂直游隙。　　　　　　　　　　　　　　　　　□正常　□不正常

(11)检查下摆臂球节防尘罩是否损坏,如图 1-29 所示。　　　　　　　□是　　□否

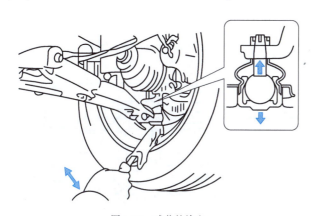

图 1-28　球节的检查

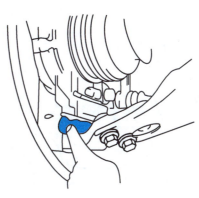

图 1-29　检查下摆臂球节防尘罩是否损坏

5)悬架系统的检查与维护

(1)检查减振器螺旋弹簧是否损坏。 □是 □否
(2)检查减振器下臂是否损坏。 □是 □否
(3)检查减振器是否损坏,如图 1-30 所示。 □是 □否
(4)检查减振器的液压油有无泄漏现象,如图 1-31 所示。 □有 □无

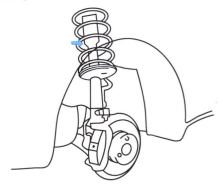

图 1-30 检查减振器是否损坏　　　图 1-31 检查减振器是否有泄漏现象

(5)检查悬架连接杆球节是否松旷,如图 1-32 所示。 □是 □否

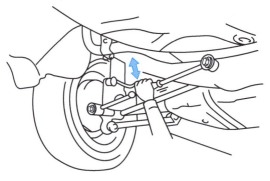

图 1-32 检查连接杆球节是否松旷

(6)检查稳定杆有无损坏。 □有 □无
(7)检查纵摆臂和后桥有无损坏。 □有 □无
(8)检查减振器的减振效果,如图 1-33 所示。 □正常 □不正常
(9)检查车辆倾斜状况,如图 1-34 所示。 □正常 □不正常

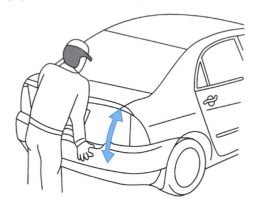 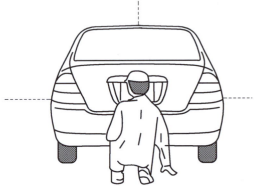

图 1-33 就车检查减振器的减振效果　　　图 1-34 检查车辆倾斜状况

三、评价反馈

1. 简答题

列出对汽车进行常规维护时涉及悬架与转向系统的主要项目。

2. 学习自测题

（1）当一侧车轮因路面不平等原因相对于车架（或车身）的位置发生变化时，另一侧车轮的位置也随之发生变化，这种悬架属于（　　）。

　　A. 独立悬架　　　　B. 非独立悬架　　　　C. 都不正确

（2）当一侧车轮相对于车架（或车身）位置发生变化时，对另一侧车轮几乎不产生影响，这种悬架属于（　　）。

　　A. 独立悬架　　　　B 非独立悬架　　　　C. 都不正确

（3）汽车上常见的两类转向系统，一是_____，二是_____。

3. 维修信息获取练习

（1）查资料说出车辆识别码"ＷＶＷＺＺＺ３２ＺＨＮ１５３６２４"各部分的含义。

（2）查阅资料，解释 EPS、ECAS 的含义。

4. 学习目标达成度的自我检查（表1-8）

自我检查表　　　　表1-8

序号	学习目标	达成情况（在相应的选项后打"√"）		
		能	不能	如果不能，是什么原因
1	说出车辆识别码（VIN码）的含义			
2	叙述悬架与转向系统的作用			
3	叙述不同类型悬架与转向系统的区别			
4	按照给定的维护计划，完成悬架与转向系统的维护			

5. 日常表现性评价（由小组长或者组内成员进行评价）

（1）工作页填写情况。（　　）

　　A. 填写完整　　　B. 缺失 0～20%　　　C. 缺失 20%～40%　　　D. 缺失 40% 以上

(2)工作着装是否规范?(　　　)
　　A.穿着校服(工作服)、佩戴胸卡　　　　B.校服或胸卡缺失一项
　　C.偶尔既不穿校服又不戴胸卡　　　　D.始终未穿校服、未佩戴胸卡
(3)能否主动参与工作现场的清洁和整理工作?(　　　)
　　A.积极主动参与　　　　　　　　　　B.在组长的要求下,能参与
　　C.在组长的要求下,能参与但效果差　　D.不愿意参与
(4)操作汽车举升器或起动发动机时,有无进行安全检查并警示其他同学?(　　　)
　　A.有安全检查和警示　　　　　　　　B.无安全检查,有警示
　　C.有安全检查,无警示　　　　　　　　D.既无安全检查,也无警示
(5)是否达到全勤?(　　　)
　　A.全勤　　　　　　　　　　　　　　B.缺勤0~20%(有请假)
　　C.缺勤0~20%(旷课)　　　　　　　　D.缺勤20%以上
(6)总体印象评价。(　　　)
　　A.非常优秀　　　B.比较优秀　　　C.有待改进　　　D.急需改进
(7)根据表1-9的内容进行小组评价,将评价情况填入表中。

学习情况反馈表　　　　　　　　　　　　　　　　　　　表1-9

序号	评　价　项　目	评　价　情　况
1	小组在接到任务之后,是否分工明确	
2	小组同学之间,交流学习内容是否顺畅	
3	遇到难题时,小组能否分工协作	
4	能否通过小组合作完成检修过程	
5	能否保持工作环境的干净整洁	

如果以12分为满分,你可以给自己多少分:_____
(8)其他建议:

小组长签名:_____　　　　　　　_____年_____月_____日

6.教师总体评价

(1)对该同学所在小组整体印象评价。(　　　)
　　A.组长负责,组内学习气氛好
　　B.组长能组织组员按要求完成学习任务,个别组员不能达成学习目标
　　C.组内有30%以上的学员不能达成学习目标
　　D.组内大部分学员不能达成学习目标
(2)对该同学整体印象评价:

_____

_____

教师签名:_____　　　　　　　_____年_____月_____日

学习任务 2　车轮的检修与换位

学习目标

完成本学习任务后,你应当能:
1. 了解轮胎的材料和构成,识别轮胎的型号;
2. 对轮胎进行日常检查和维护;
3. 按规定的步骤和要求对车轮进行换位;
4. 在教师指导下,根据给定的检修计划,查阅维修资料,修补轮胎和更换轮胎胎体;
5. 使用车轮动平衡仪对车轮进行动平衡检查。

建议完成本学习任务为 12 学时

内容结构

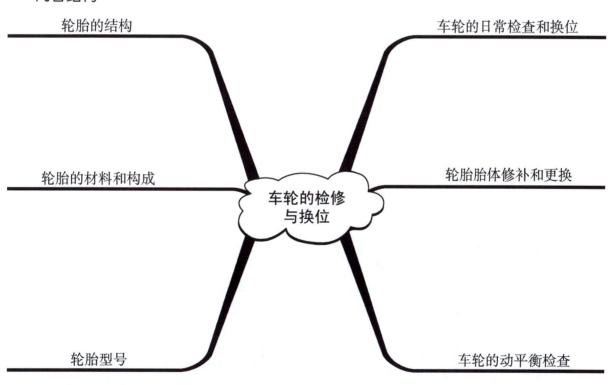

 学习任务描述

某汽车出现了轮胎爆裂,请对该车其他的轮胎进行检查,修补因小创口而漏气的轮胎,用扒胎机对爆裂的轮胎进行更换和充气,然后对车轮做动平衡检查,检修后对该车的车轮进行换位。

汽车车轮包括轮胎和轮辋,轮辋极少出现故障,本学习任务主要介绍轮胎的使用、维护与修理。轮胎是汽车的重要部件之一,它承载着汽车的重力,直接与路面接触,保证车轮和路面有良好的附着性,提高汽车的牵引性、制动性和通过性;和汽车悬架共同来缓和汽车行驶时所受到的冲击,保证汽车有良好的乘坐舒适性和行驶平顺性。轮胎在汽车上所起的重要作用越来越受到人们的重视。

一、学习准备

1. 汽车轮胎有什么作用?

轮胎直接与路面接触,与汽车悬架共同来缓和汽车行驶时所受到的冲击,保证汽车有良好的乘坐舒适性和行驶平顺性。轮胎的使用寿命决定着其行驶里程的长短,直接影响到汽车的使用成本。

轮胎主要的作用有四项,分别是承载负荷、提供_____、牵引和制动汽车、提供良好的_____,如图 2-1 所示。

图 2-1 轮胎的主要作用

> **学习拓展**
>
> **车轮的发展历史**
>
> (1) 早期的汽车使用木制或铁制的车轮。
> (2) 1493—1495 年,哥伦布发现制造轮胎的原材料——橡胶。
> (3) 1839 年,美国固特异轮胎公司发明用硫化橡胶的方法来制造轮胎。
> (4) 1845 年,英国一位铁匠获得了第一个橡胶充气轮胎的专利权。
> (5) 1900 年,实心橡胶轮胎得到普及。
> (6) 1915 年,可拆卸式轮辋代替了嵌入式轮辋。
> (7) 1942 年,尼龙帘布(NYLON CORD)被用于制造轮胎中。
> (8) 1948 年,法国米其林公司开发出了子午线轮胎。
> (9) B. F. GOOD RICH 开发出了无内胎轮胎。
> (10) 1961 年,合成橡胶轮胎问世,其寿命比普通橡胶轮胎提高一倍以上。
> (11) 1983 年,法国米其林公司开发飞机子午线轮胎。
> (12) 1994 年,普利司通波形带束层研制成功并应用于超低断面轮胎的生产。

汽车轮胎生产发展的历史表明:发展初期主要是解决如何提高轮胎的使用寿命问题;近年来,由于汽车制造企业和交通运输部门对轮胎的要求日益严格,轮胎研究的重点转到轮胎行驶性能、安全性能、舒适性能和经济性能上来。总之,轮胎的发展总趋势是"三化",即子午线化、无内胎化、低断面化。

2.汽车轮胎怎样分类？轮胎胎体上的标注的各种参数有什么含义？

1)轮胎分类

轮胎根据胎体帘线层排列的不同,有子午线状构造和斜交状构造,如图2-2所示。

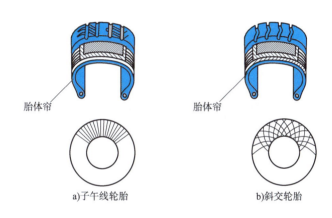

图2-2 轮胎的类型

目前轿车用轮胎几乎都是_____轮胎。子午线轮胎与斜交轮胎相比,具有以下优点:

(1)操纵性和稳定性优越;

(2)耐磨损性良好;

(3)发热较少;

(4)滚动阻力较小,能够节省燃料;

(5)滑动较少,牵引力较大;

(6)低速、路况较差时乘坐舒适度降低,但高速行走时较舒适。

2)轮胎的常见参数

轮胎侧面都有轮胎的参数标识,如图2-3所示。

(1)序号1:表示该轮胎型号为195/65R15 91T。

含义:195表示断面宽度(mm),65表示扁平率(%),R表示子午线轮胎,15表示轮辋直径为15in,91表示承载质量指数(可查找表2-1),T表示速度等级(可查找表2-1)。

(2)序号2:表示轮胎制造商(厂牌名称)。

(3)序号3:表示胎面类型标记。

(4)序号4:表示子午线帘布结构标记。

(5)序号5:表示无内胎轮胎标记。

(6)序号6:表示冬季轮胎标记。

(7)序号7:表示轮胎制造日期。

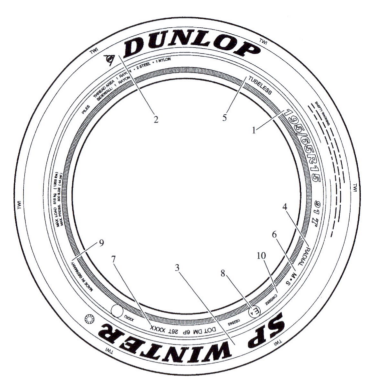

图 2-3 轮胎的标识

小提示

轮胎生产日期的国际通用标准表示方法是在轮胎的侧壁上,有一组长椭圆形状的四位数字。比如"5106",前两位表示生产的周数,即第51周(即12月),后两位表示生产的年份,即2006年。轮胎生产日期是购买和使用的重要参数。一般情况下,轮胎生产出来后超过3年,即使不使用,也会由于橡胶的老化而导致轮胎使用寿命大大降低。所以,在购买和使用轮胎时,要特别注意轮胎的生产日期。

(8)序号8:表示 E 数字=批准代码,轮胎符合 ECE—R30 欧洲标准。国产品牌有3C强制认证标志"CCC",通过美国交通部认证标志"DOT"。

(9)序号9:表示轮胎制造国(德国)。

(10)序号10:表示公司内部代码。

轮胎承载质量指数代码和速度等级代码对照表(轿车)　　　　表 2-1

轮胎承载质量指数代码			
承载质量指数代码	最大承载质量(kg)	承载质量指数代码	最大承载质量(kg)
62	265	69	325
63	272	70	335
64	280	71	345
65	290	72	355
66	300	73	365
67	307	74	375
68	315	75	387

续上表

轮胎承载质量指数代码			
承载质量指数代码	最大承载质量(kg)	承载质量指数代码	最大承载质量(kg)
76	400	93	650
77	412	94	670
78	425	95	690
79	437	96	710
80	450	97	730
81	462	98	750
82	475	99	775
83	487	100	800
84	500	101	825
85	515	102	850
86	530	103	875
87	545	104	900
88	560	105	925
89	580	106	950
90	600	107	975
91	615	108	1000
92	630	109	1030
速度等级参数			
速度等级代码	最高车速(km/h)	速度等级代码	最高车速(km/h)
L	120	T	190
M	130	U	200
N	140	H	210
P	150	V	240
Q	160	W	270
R	170	VR	>210
S	180	ZR	>240

请参照表2-1查找出图2-3所示的轮胎的最大承载质量为_____kg,最高车速为_____km/h。

 3. 轮胎由哪些材料制造的？其构造、花纹及旋转方向如何？

1）轮胎的制造材料

轮胎的制造材料主要有9种,如图2-4所示。

2）子午线轮胎结构

轮胎根据其帘线方向,一般可分为子午线轮胎和斜线轮胎两种结构形式。子午线轮胎的结构如图2-5所示。

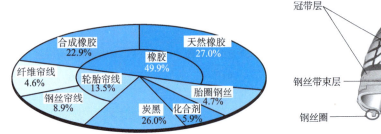

图 2-4 轮胎材料构成

图 2-5 子午线轮胎的结构

(1) 胎体 (外胎)：胎体是轮胎的框架，它必须具有足够的刚性，以阻止高压空气外泄；又必须具有足够的弹性，以吸收载荷的变化和冲击。它由许多层与橡胶粘接在一起的轮胎帘线 (多股平行的高强度材料层) 构成。大客车和载货汽车轮胎中的帘线，一般用尼龙或钢丝制成，而小客轮胎的帘线使用聚酯或尼龙。

(2) 胎面：胎面是外部橡胶层，保护胎体免受路面造成的磨损和外部损坏。胎面与路面直接接触，并产生摩擦阻力，使车辆驱动力和制动力得以输送至路面。胎面花纹由压入胎面的模压沟槽构成，目的在于使轮胎将驱动力和制动力更有效地传至路面。

(3) 胎侧：胎侧由数层橡胶构成，覆盖轮胎两侧，并保护胎体免受外部损坏。作为面积最大、弹性最强的轮胎部件，胎侧在行驶过程中，不断地在载荷作用下弯曲变形。在胎侧壁上标有生产厂家名称、轮胎尺寸及其他轮胎信息。

(4) 三角胶条：轮胎中钢丝圈上面的填充材料，作用是减缓胎圈冲击，防止成型时空气进入，增加下胎侧的刚性。

(5) 钢丝圈：为防止各种施加在轮胎上的作用力扯开轮辋，轮胎上设有固定边缘，即各层侧边部缠绕有坚固钢丝，称为钢丝圈。轮胎内的加压空气迫使钢丝胀紧在轮辋边沿，使其与轮辋牢固定位。

(6) 冠带层：冠带层是子午胎的带束层上使用的帘布层，在轮胎行驶中抑制带束层移动，并防止高速行驶时带束层的脱离，保持高速状态下轮胎尺寸稳定性。

(7) 钢丝带束层：在胎面与胎体之间使用钢丝带束层，其作用是：提高胎面刚性、提高耐磨性、防止外部冲击损伤胎体 (适用于子午胎)。

3) 轮胎的花纹和旋转方向

(1) 轮胎花纹的作用如下：增强_____效果，提高操纵性，增加轮胎的_____和轮胎的散热效果。

(2) 轮胎花纹的主要种类如图 2-6 所示。

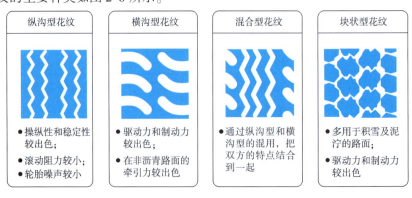

图 2-6 轮胎花纹的种类和使用特性

(3) 轮胎花纹的方向性。

印刻有方向性胎面花纹的轮胎，用显示旋转方向的"ROTATI"字样和箭头来表示。这是能够起到排水效果并且运动性能优越的花纹,如图2-7a)所示。

既有非对称性又有方向性花纹的轮胎,用文字和标记来表示,如图2-7b)所示。

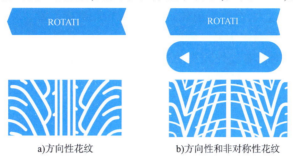

a)方向性花纹　　　　　　b)方向性和非对称性花纹

图2-7　轮胎花纹的方向性

> **学习拓展**
>
> ### 汽车备胎
>
> 大多数汽车都装备有备胎。一般来说,备胎比汽车上的轮胎尺寸小,也有些汽车备胎和汽车上的轮胎规格一样。尺寸小的原因是为了减小整车的尺寸和质量,从而提高汽车的燃油经济性。在过去的一个时期里,备胎的类型和风格相差很大,且不同的汽车用不同型号的备胎。许多占用空间小的备胎的气压比平常轮胎气压要高,通常是414kPa（60lbf/in²）。虽然备胎与原装胎相比,在结构、尺寸方面不同,但在汽车正常行驶时,其操纵性都是一样的。当然,备胎通常没有原装轮胎耐磨,在原装胎维修后应尽快予以更换。
>
> **注意**:在使用备胎之前,需要阅读所有警示语（如果有的话）,弄明白所有的使用注意事项。例如,一些备胎设计的车速不超过80km/h（50mile/h）或行驶里程不超过800km（500mile）,备胎气压要定期检查。

 4. 轮胎的非正常磨损有哪些现象？是什么原因导致的？

轮胎的非正常磨损有很多种,典型的有:胎肩磨损、胎面中间磨损、单侧磨损、羽状磨损。

1）胎肩磨损

集中在胎肩上的磨损,主要是由于未能正确保持充气压力所致。如果轮胎充气压力过低,轮胎的中间便会凹陷,将载荷转移到胎肩上,使胎肩磨损快于胎面中间,如图2-8所示。

2）胎面中间磨损

如果充气压力过高,轮胎中间便会凸出,承受了较大的载荷,使轮胎中间磨损快于胎肩,如图2-9所示。

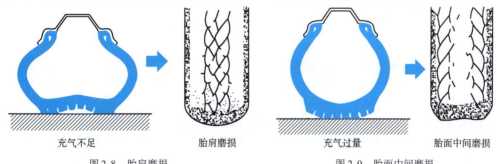

充气不足　　胎肩磨损　　　　充气过量　　胎面中间磨损

图2-8　胎肩磨损　　　　　　图2-9　胎面中间磨损

3）内侧磨损或外侧磨损

（1）在过高的车速下转弯,会造成轮胎滑动,产生胎面偏磨损。这是较常见的轮胎磨损现象之一。

（2）悬架部件变形或间隙过大,会影响前轮定位,造成轮胎磨损异常。

（3）如果轮胎面某一侧的磨损快于另一侧的磨损,其主要原因可能是外倾角不正确。由于轮胎与路面接触面积大小因载荷而异,对具有正外倾角的轮胎而言,其外侧直径要小于其内侧直径。因此,胎面必须在路面上滑动,以使其转动距离与胎面的内侧相等,这种滑动便造成了外侧胎面的过量磨损。反之,具有负外倾角的轮胎,其内侧胎面磨损较快,如图 2-10 所示。

4）羽状磨损

胎面的羽状磨损,主要是由于前束调节不当所致。过量的前束,会迫使轮胎向外滑动,并使胎面的接触面在路面上朝内拖动,造成前束磨损。胎面呈明显的羽毛状,用手指从轮胎的内侧至外侧划过胎面,便可加以辨别。过量的后束,会将轮胎向内拉动,并使胎面的接触面在路面上朝外拖动,造成后束磨损,如图 2-11 所示。

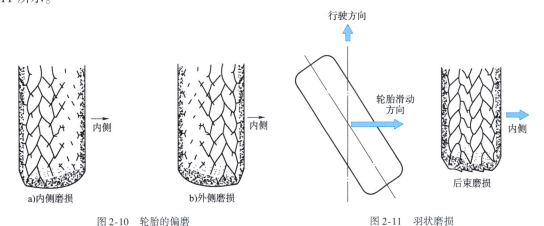

图 2-10　轮胎的偏磨　　　　　　　　　图 2-11　羽状磨损

二、计划实施

为保证计划实施的准确性,实施前对车辆的信息进行检查、登记和核实。请将表 2-2 填写完整。

信息记录表　　　　　　　　　　　　表 2-2

项　目	内　容
生产年份	
车型型号	
行驶里程(km)	
轮胎型号	
主要工具	常用工具、轮胎气压表、扒胎机和车轮动平衡仪等
参考资料	维修手册和参考书
其他要求	统一穿着保护性衣物

 5.先对轮胎的胎体进行检查,如果有的轮胎因为创口较小而出现了漏气,修补后再使用可以降低成本。

修理时要用塞子或补丁从轮胎内部修理。修理轮胎时要从轮辋上拆下,对于拆下的车轮应检查其是否有隐藏的损伤。轮胎修理依照如下步骤进行。

（1）在车轮上把轮胎的位置标记好。

（2）拆下轮胎，检查并清洁被戳破的区域。不要用汽油清洁轮胎。

（3）用砂纸或专用打磨工具来打磨清洁轮胎受损的区域，直到有平滑绒状的摩擦面产生，如图2-12所示。

（4）用锥子从轮胎里面修整破损的地方；切下或拆下钢束带层上的任何松动的钢丝材料。

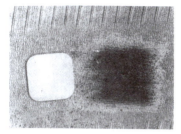

图2-12　修补区的打磨

（5）将补丁贴到受损的地方，然后切掉多余的补丁，保持与轮胎内部平齐。

（6）在补丁和受损处涂上化学硫化剂粘胶并使其变干。

注意：大多数硫化剂非常易燃，应在没有明火的地方使用。修补时，不能吸烟。

（7）在补丁上施加作用力时，使用挤压工具从中心往四周在补丁上施加作用力，使所有留存在补丁和轮胎之间的气体排出，如图2-13a）所示。另外一种非常好的轮胎修理法是使用橡胶塞杆，如图2-13b）所示。

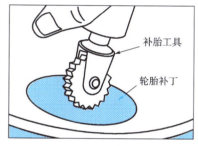
a) 轮胎修补区的挤压加固

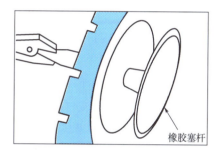
b) 橡胶塞杆修补法

图2-13　轮胎修补的方法

（8）按照步骤（1）已做好的标记，重新把轮胎固定在轮辋上；按照要求给轮胎充气并检查是否漏气。

市场上有许多轮胎修补产品，维修不同生产厂家的轮胎要严格按照轮胎生产厂家的推荐产品和使用说明来使用。

注意：大多数专业人员建议修补轮胎时应该从轮胎里面进行，这是因为把钢制绞刀插入轮胎里面时会引起轮胎爆炸，很多维修人员就因此而受伤甚至死亡。当绞刀从钢制束带层的钢丝中穿过时极易引起火花，火花会点燃轮胎内部用作防漏气的可燃混合气，由于维修人员无法判断轮胎是否已经充满可燃混合气，所以他们维修时就可能引起爆炸。

学习拓展

目前市面上补胎方法大致可分为以下两大类：外补法和内补法。

外补法是一种可以应急的补胎方法，就是把带有黏性的胶条塞入破口中，通过轮胎挤压胶条来填补住轮胎破口。

优点：操作简单。

缺点：仅能作为应急使用，不能长期依靠它，如果想继续使用轮胎还得进行内补。

内补法又细分为冷补法（内补或粘贴补）、热补法（俗称火补）、蘑菇钉法和自动补胎液法。

(1)冷补法:将轮胎从轮辋上卸下,找到破口并将破口周围的异物清理掉,从轮胎内部贴上专用的补胎胶片,从而完成补漏。这种方法类似自行车的补胎方法,只不过需要专用的扒胎机及补胎胶皮才能完成。

优点:可以对较大的创口进行修补,价格便宜。

缺点:不耐用,经过一段时间的水浸或高速行驶之后,修补处可能再次漏气。

(2)热补法(俗称火补):与冷补法类似,也是将专用的胶片贴附于破口,但多了一个步骤,即用烘烤机对破口进行烘烤,直到胶片融化后与破口黏合。

优点:非常耐用,不用担心创口处会重复漏气。

缺点:施工时的技术要求高,必须用专业机器,否则加热温度高会对轮胎造成二次损伤。

(3)蘑菇钉补法:这是近期比较流行的补胎方法。用一个蘑菇形状的橡胶补丁,从轮胎里面找准漏洞,把蘑菇根往外面穿出来,然后把露在外面的多余部分剪掉,里面部分用专用胶粘牢。蘑菇根部分,可起到了外补效果,而蘑菇叶部分相当于内补效果。

优点:补胎效果很好。

缺点:价格比上述两种方法高。

(4)自动补胎液法:这种方式是在找不到明显破口的情况下的一种应急补胎方法,它是将高分子聚合物注入轮胎内部,通过轮胎行驶中产生的热量将这些高分子聚合物黏附在轮胎内部从而达到修补的作用。长安福特 S-MAX 麦柯斯汽车配备的就是这样的自动补胎液。

优点:操作便捷,看过说明书后基本即可掌握。

缺点:只是暂时性的修补,不能修补较大的破口,而且价格非常高。

★轮胎破了都能补吗?

当然不是!胎冠被刺穿、扎钉或割开 0.25in(6.35mm)以内的裂口都可以修补。如果损伤在胎肩或胎侧,则不能修复,建议更换新胎。虽然补胎的方法有很多,但也不是万能的。例如,轮胎壁出现了大于小拇指指甲盖大小的破口,或者胎冠被钢筋等物体扎穿造成大漏洞,还是直接更换新轮胎吧。如果同一条轮胎修补超过 3 次,也建议更换新胎。

★补过的轮胎该怎么用?

有些人在补胎之后将补过的轮胎作为备胎使用,有些人则是将补过的轮胎继续放在原位使用。但不管怎么样,补胎之后一定要对轮胎进行动平衡检查,因为修补轮胎会破坏轮胎的动平衡,如果不进行检查,会造成车辆抖动、油耗升高的情况。维修技师也认为,经过动平衡测试的轮胎放在前、后轮都可以使用。

6. 当轮胎胎面花纹已达到磨损极限或严重损坏时必须更换轮胎,更换后按要求对轮胎进行充气和车轮动平衡检测。

更换轮胎首先要学会使用拆胎机。

(1)查找拆胎机功能部分说明书,掌握拆胎机的使用方法。

图 2-14 和表 2-3 所示的功能说明是以百斯巴特 MS 63 型拆胎机为例的,其他型号拆胎机可以作为参考。

拆胎机各功能分区的说明　　　　　　　　　　　　　　　　　　　　　　　　表 2-3

功能分区	字母含义			
1. 控制踏板区	A:转换踏板 机身两侧都有,踩下后转换卡盘转动的方向	B:轮胎挤压臂踏板 踩下后拉动挤压板(E),实现轮胎侧挤压	C:张开/闭和盘上卡爪踏板	D:控制柱子俯/仰位置踏板
2. 轮胎挤压装置区	F:轮胎挤压臂	E:轮胎挤压板	G:保护支撑垫	
3. 立柱上相关装置区	M:可俯仰的立柱 工作期间可以另柱子俯仰,便于装卡和取下车轮	L:气动锁止手柄 旋此手柄可以锁定扒胎臂位置柱	H:带气动装置的扒胎臂 可以用气动手柄将扒胎臂上下、前后移动后,锁定在工作位置	I:内嵌式滚轮 内嵌式滚轮可加塑料套,可防止损害钢圈	N:扒胎装置 扒胎鸟头用于拆装轮胎
4. 自定心卡盘区	P:卡具滑轨	O:卡具,卡爪 可以安装塑料保护套	Q:工作转盘	

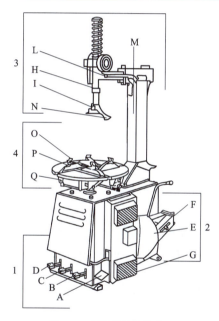

图 2-14　拆胎机的功能分区

(2)请按以下步骤完成轮胎的拆卸。

拆胎机的使用要领,参考前面介绍的拆胎机功能说明。

①放干净需拆装车轮轮胎内的空气。　　　　　　　　　　　　　　　　□任务完成

 小提示

轮胎放气可以用轮胎压力表放气,压力释放后把轮胎气门芯用专用工具旋拧开来,如图 2-15 所示。

②拆卸所有平衡块。　　　　　　　　　　　　　　　　　　　　　　　□任务完成
③用轮缘拆离片压迫轮胎使之与钢圈分离,如图 2-16 所示。　　　　　　□任务完成
④将车轮内侧朝下放在工作台上撑牢或卡紧。　　　　　　　　　　　　□任务完成
⑤调整拆装头与车轮的位置后锁紧。　　　　　　　　　　　　　　　　□任务完成

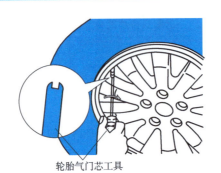

图 2-15 轮胎气门芯

⑥在轮胎与钢圈边缘涂润滑液。　　　　　　　　　　　　　　　　　　　　□任务完成
⑦用撬棒将轮胎边缘撬到拆装头上,撬棒不抽出,使工作台顺时针旋转,拆下轮胎,如图 2-17 所示。
　　　　　　　　　　　　　　　　　　　　　　　　　　　　　　　　　　□任务完成

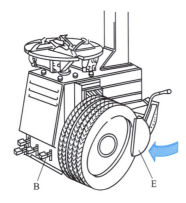

图 2-16　轮胎挤压板使轮胎和钢圈分离

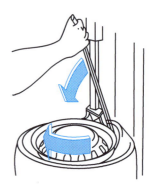

图 2-17　撬棍将轮胎挑起并旋出

⑧用相同的方法将另一侧轮胎扒出。　　　　　　　　　　　　　　　　　　□任务完成
⑨如果轮胎较大,拆装时可以踏下踏板 D(图 2-14)使立柱俯/仰,便于工作。　□任务完成
⑩对于扁平率比较低的轮胎,可以使用压杆和压盘对轮胎侧壁充分旋转挤压,便于轮胎拆装,如图 2-18 所示。　　　　　　　　　　　　　　　　　　　　　　　　　　　□任务完成

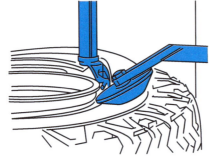

图 2-18　旋转挤压

(3)安装轮胎。
①先在轮胎内侧边缘涂抹润滑脂。　　　　　　　　　　　　　　　　　　　□任务完成
②用如拆胎同样的方法将钢圈固定在卡盘上,将轮胎放到钢圈上沿上,并确定好气眼位置。
　　　　　　　　　　　　　　　　　　　　　　　　　　　　　　　　　　□任务完成

③移动拆装臂压住轮胎边缘。踩下踏板,逐渐将轮胎压入钢圈内,如图2-19所示。　　　□任务完成
④用同样的方法将上侧轮胎压入钢圈,完成轮胎安装。　　　□任务完成
⑤可使用附加臂压盘压杆协助工作,如图2-20所示。　　　□任务完成

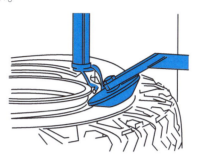

| 图2-19　拆装臂操作 | 图2-20　附加臂压盘压杆 |

7. 怎样测量轮胎气压?在气压不足的情况下,怎样给轮胎充气?

1)查找轮胎气压参数

查找该车型使用说明书,找出轮胎气压(车轮冷态)参数,填写在表2-4中。

轮 胎 气 压 表　　　　　　　表2-4

项目		充气压力(kPa)
半载	前轮	
	后轮	
满载	前轮	
	后轮	

轮胎充气压力标准值可以在车上找到,常见的位置如图2-21所示。

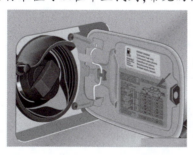 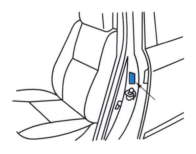

图2-21　轮胎气压标签在汽车上的常见位置

2)完成轮胎充气
(1)拆下轮胎气门嘴帽。　　　□任务完成
(2)将轮胎充气机的管嘴直接压在轮胎气门嘴,以防压缩空气泄露,然后开始对轮胎进行充气,如图2-22所示。　　　□任务完成
(3)充气完毕后检查空气压力是否符合标准。　　　□是　□否

(4)检查轮胎是否漏气,最常见的方法是:

□用耳朵听　□用手摸　□在轮胎气门嘴涂抹肥皂水(图2-23)

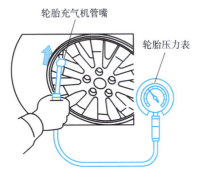

图2-22　给轮胎充气

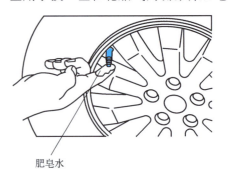

图2-23　检查轮胎是否漏气

> **学习拓展**
>
> ### 汽车轮胎压力监视系统
>
> 　　汽车轮胎压力监视系统(Tire Pressure Monitoring System,简称"TPMS"),主要用于汽车行驶过程中实时监测轮胎气压,并对轮胎漏气和低气压进行报警,以保障行车安全。
>
> 　　美国汽车工程师协会的调查统计表明,美国每年约有26万起交通事故是由于轮胎故障引起的,而75%的轮胎故障是由轮胎气压不足或渗漏造成的。爆胎造成的经济损失巨大。鉴于此,在2000年美国国会通过了TREAD法案。TREAD法案的要求之一是,到2007年,所有在美国销售的汽车都必须安装轮胎压力监视系统。
>
> 　　TPMS主要分为两种类型:一种是间接式TPMS,它通过汽车ABS的轮速传感器来比较轮胎之间的转速差别,以达到监视胎压的目的,其缺点是无法对两个以上轮胎同时缺气的状况和速度超过100km/h的情况进行判断;另一种是直接式TPMS,它利用安装在每一个轮胎里的以锂离子电池为电源的压力传感器来直接测量轮胎的气压,并通过无线调制发射到安装在驾驶台的监视器上。监视器随时显示各轮胎气压,驾驶员可以直观地了解各个轮胎的气压状况,当轮胎气压太低、太高、渗漏或温度太高时,系统就会自动报警。直接式TPMS具有更精确地监视轮胎压力的能力。
>
> 　　一般TPMS系统由以下几个部分组成。
>
> • 远程轮胎压力监视模块(Remote Tire Pressure Monitoring,简称"RTPM"):RTPM直接安装在每个轮胎里,以测量轮胎压力和温度,并将测量得到的信号通过高频无线电波(RF)发射出去。一个TPMS系统有4个或5个(包括备用胎)RTPM。
>
> • 中央监视器中央监视器:接收RTPM发射的信号,将各个轮胎的压力和温度数据显示在屏幕上,供驾驶员参考。如果轮胎的压力或温度出现异常,中央监视器根据异常情况,发出不同的报警信号,提醒驾驶员采取必要的措施。

8. 为什么要进行车轮的动平衡检查?动平衡检查怎样操作?

　　在汽车车轮的轮毂边缘上,有的有一块或多块大小不等的小铅块。与漂亮的轮毂相比,这些小铅块好像不太相衬。但正是这小小的铅块,对汽车高速行驶的稳定性起着非常重要的作用。

　　车轮是由轮胎、轮毂组成的一个整体。但由于制造上的原因,使这个整体各部分的质量分布不可能非常均匀。当汽车车轮高速旋转起来后,就会形成动不平衡状态,造成车辆在行驶中车轮抖动、转向盘振动的现象。为了避免这种现象发生或消除已经发生的这种现象,就要使车轮在动态情况下通过增加配重的方法,使车轮校正各边缘部分的平衡。这个校正的过程就是人们常说的动平衡检查。

轮胎应当定期做动平衡检查,检查采用的仪器是车轮动平衡检测仪。轮胎平衡分为动态平衡和静态平衡两种。动态不平衡会使车轮摇摆,令轮胎产生波浪形磨损;静态不平衡会使汽车产生颠簸和跳动现象,往往使轮胎产生局部磨损现象。因此,定期检测平衡不但能延长轮胎寿命,还能提高汽车行驶时的稳定性,避免汽车在高速行驶时因轮胎摆动、跳动而失去控制甚至造成交通事故。

按以下步骤完成车轮动平衡检查。

1)查看车轮动平衡仪的说明

车轮动平衡仪的铭牌和型号＿＿＿＿＿＿＿＿＿＿＿＿＿＿＿＿＿＿＿＿。

如图 2-24 所示,请把图中的数字 1~7 与其所表示的含义对应起来,将对应的数字填写到横线上。

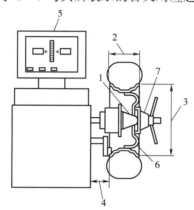

图 2-24　车轮动平衡仪

＿＿＿＿＿＿表示车轮的中心;

＿＿＿＿＿＿表示轮辋直径(仪器中用 d 表示);

＿＿＿＿＿＿表示轮辋宽度(仪器中用 b 表示);

＿＿＿＿＿＿表示动平衡仪到轮辋边缘的距离(仪器中用 a 表示);

　　5　　表示动平衡仪器;

＿＿＿＿＿＿表示车轮;

＿＿＿＿＿＿表示适配器。

2)动平衡检查的操作程序

(1)准备工作。

①目测检查:　　　　　　　　　　　　　　　　　　　　　　　　□任务完成

车轮表面是否有污泥、砂石等附在上面;　　　　　　　　　　　□有　□无

轮胎表面是否卡有金属颗粒、石子或其他异物;　　　　　　　　□有　□无

车轮是否有任何破损、变形以及内部的跳动(特别是轮圈中心孔)。　□有　□无

②调节轮胎气压:　　　　　　　　　　　　　　　　　　　　　　□任务完成

应该在轮胎冷却后进行检查和调整轮胎气压;　　　　　　　　　□是　□否

检测的轮胎气压是否符合标准。　　　　　　　　　　　　　　　□是　□否

③拆卸原车轮上的旧平衡块,如图 2-25 所示:

应使用专用工具平衡钳(锤)将旧平衡块卸下;　　　　　　　　　□是　□否

拆卸时注意不要划伤轮辋的表面； □是 □否
拆卸下来的旧平衡块可以反复使用。 □是 □否
(2)安装车轮,如图2-26所示。
安装车轮时应该注意分内、外侧； □是 □否
车轮中心应该与动平衡检测仪轴对中； □是 □否
选择安装合适的适配器； □是 □否
牢固旋紧适配器,以防止松动。 □是 □否

图2-25 拆卸旧平衡块

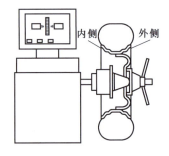

图2-26 安装车轮

(3)输入车轮数据。
可从轮辋上读取:轮辋宽度 b _____,轮辋直径 d _____; □任务完成
可用动平衡仪上的拉尺测量动平衡仪到轮辋边缘的距离 a _____; □任务完成
通过控制面板的按键输入 a、b、d 的数值。 □任务完成
(4)测量动平衡,如图2-27所示。
测量过程轮胎会旋转,在轮胎上未清理出来的石子或金属颗粒可能会弹出； □是 □否
应盖上轮胎罩后进行测量。 □是 □否
(5)调节动平衡:根据动平衡仪控制面板上显示数据进行调整,如图2-28所示。
①调整IN(内侧)位置:
慢转动轮胎到内侧的指示灯全亮并停止； □任务完成
在IN(内侧)的12点正位置加平衡块。 □任务完成
②调整OUT(外侧)位置:
慢转动轮胎到外侧的指示灯全亮并停止； □任务完成
在OUT(外侧)的12点正位置加平衡块。 □任务完成
③重新检查并调节动平衡使不均的衡量为0。 □任务完成
平衡后的技术要求是不大于_____。 □5g □10g

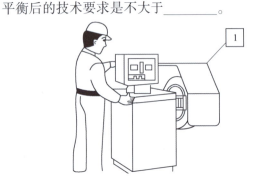

图2-27 测量动平衡

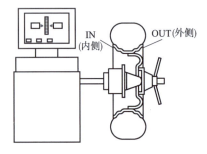

图2-28 调节动平衡

小提示

平衡块一般有四种类型，如图2-29所示。

图2-29 平衡块的类型

（6）根据车轮动平衡仪显示器，在表2-5中按要求填写车轮动平衡数据。

车轮动平衡测量数据　　　　　　表2-5

量取的数据(mm)	平衡前数据		安装平衡块质量(g)		平衡后数据	
	IN(内侧)	OUT(外侧)	IN(内侧)	OUT(外侧)	IN(内侧)	OUT(外侧)
$a=$ $b=$ $d=$						

9. 为了使轮胎的磨损均匀，延长轮胎的使用寿命，要对车轮进行日常的检查和换位。车轮换位应如何操作？

为了确保轮胎寿命和轮胎均匀磨损，车轮换位是很重要的。例如一些后轮驱动的车辆，在前胎上会过早出现轮胎磨损。磨损通常从胎冠侧开始。这种磨损通常在胎冠磨损块的前后，这些橡胶花纹在转弯、停车或转向时会变形。这种胎冠磨损会引起轮胎噪声或使轮胎变得凹凸不平。当前胎的胎肩磨损正常时，这种磨损能通过适当的轮胎气压、车轮定位和车轮转速来减小。为了达到最好的效果，车轮应该每96000km（6000mile）或6个月交换一次位置。虽然不同的轮胎厂对前驱车轮胎换位还有一些不同的意见，但相同的是都建议车轮换位。多数建议采用交叉换和平行换位两种方法，如图2-30、图2-31所示。

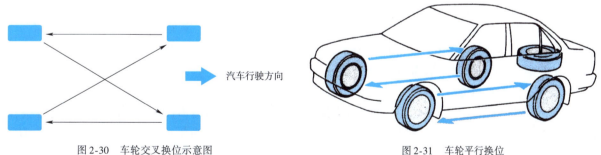

图2-30 车轮交叉换位示意图　　　　图2-31 车轮平行换位

请写出车轮换位的具体方法：

一些轮胎制造商不推荐交叉交换前轮驱动汽车上的车轮，而是建议两个前车轮左右换位，因为前车轮磨损是后车轮磨损量的3倍，后车轮通常可使用超过145000km（9000mile）。请注意，由于子午线轮胎的结构易引起径向拉力,如果车轮定位角正确,可通过前后换位来校正此拉力;必要时,也可对边交换。可在每次换机油时做车轮换位。很多制造商推荐每4800km(3000mile)或每3个月更换一次机油,建议每9600km(6000mile)或每6个月做一次车轮换位。

换位时应遵循以下原则:

(1)子午线轮胎应保持在车辆的同一侧使用,即保持相同的旋转方向;

(2)带有导向性花纹或单导向轮胎(例如邓禄普SP9000),不允许直接交叉换位;

(3)使用雪地轮胎或带防滑钉的轮胎时,不应换位。

 10. 以小组为单位对已经完成的工作进行质量检查,并对自己完成任务的情况加以分析总结。

(1)轮胎换位安装后路试是否正常。　　　　　　　　　　　　□正常　□不正常

(2)如果不正常,请找出具体原因。

 11. 轮胎的使用寿命直接影响行车的安全性能和经济性能。如何正确使用轮胎呢?可以遵循以下几点建议。

1)限制行车速度

提高车辆行驶速度,特别是经常处于快速行驶时,轮胎的使用寿命会显著降低。因为车辆快速行驶时,轮胎在单位时间内与地面的接触次数就越多,摩擦也越频繁,使轮胎的变形频率增加。这时胎体周向和侧向产生的扭曲变形也随之加大。当速度达到临界速度时,胎冠表面的振动出现了波浪变形,形成驻波。这种驻波能在其产生几分钟后导致轮胎爆破,这是由于轮胎变形来不及复原所造成的滞后损失,而它的大小与荷载作用的时间有关,速度越快,时间越短,大部分的动能被吸收转变成热量,从而使轮胎温度升高,橡胶老化加速,帘线层的耐疲劳强度降低,导致轮胎早期脱空或爆破。因此,限制行车速度是非常重要的。

2)根据道路情况行车

路面的种类及状况对轮胎使用寿命的影响很大,驾驶员应根据道路条件选择路面,掌握适当的行车速度。

在平整、宽敞且视野良好的道路(如高速公路、国道线和省道线等)上行驶时,可根据车辆本身的技术条件和轮胎的性能适当提高车速,但也不宜过高,否则影响行车安全,降低轮胎的使用寿命。在不平整的碎石路和矿区路上行驶,由于尖石裸露或路边石块锐利,极易损坏轮胎,应注意选择较好的路面并选用较低速度行车,以防止轮胎爆破损坏。

如果在湿滑的路面上行驶,由于路面与车轮的摩擦系数较小,要注意防滑;若车轮打滑,应立即停车,试行倒退,另选路线前进。若倒退仍打滑,则应排除车前后和两旁的冰雪,或将后轮顶起,铺上石块、砖头、稻草,以便车辆通行。不要猛踏加速踏板强行起步,以免轮胎越陷越深或者原地空转剧烈生热,防止轮胎胎面及胎侧严重刮伤、划伤,甚至剥离掉块。在转弯频繁的路面上或陡坡上行驶,轮胎受到部分拖曳,即使路面条件较好,也应当在较低车速下行驶,以减少轮胎磨耗,确保行车安全。

3)掌握轮胎的温度变化

炎热天气行车时,由于外界气温较高,轮胎散发积热困难。如果行车速度快、运距长、道路条件恶劣,胎温将急剧上升,胎内气压也随之增加,从而加速橡胶老化,降低帘线与橡胶的黏合力,致使帘布层脱空或爆破损坏,故炎热天气行车应注意控制轮胎的使用温度。在酷热时行车,除应适当降低车速外,有条件的情况下可在早晚气温较低时行车,或车辆行驶一定距离后停车休息,防止胎温过高。严

禁采用放气降压的做法,因放气后轮胎变形增大,会使胎温升高,最后也会因过热而使轮胎损坏。在气温低的季节,因为轮胎在使用时散热快,不容易产生高热,胎面较为耐磨。在气温低的季节,特别是严寒天气,车辆过夜或长时间停放后重新行驶时,为了提高轮胎温度,最好在起步后开始几公里以低速行驶为宜。

4)采用正确驾驶方法

(1)汽车起步不可过猛,无论空车、重车都应低速平稳起步,避免轮胎与地面拖曳,以减少胎面磨耗。

(2)在良好的路面上行驶,应保持直线前进,除会车和避让障碍物外,禁止左右摇摆和急剧转向,以防轮胎和轮辋之间产生横向的切割损伤轮胎。

(3)车辆下长坡时应根据坡度大小、坡道长度和道路情况,适当控制车速。在坡长、路陡、路况复杂的情况下,应挂挡行驶,并利用轻微制动控制车速,这样不但可以避免紧急制动,减少轮胎磨损,而且对安全行车也有保障。

(4)车辆上坡时,应尽量利用惯性行驶,适时变速,及时换挡,上坡时要保持车辆有适当的余力,不要等车停了再重新起步,以减少轮胎的磨损。

(5)行车转弯应根据弯道情况控制车速,不要高速转弯,否则车辆会产生较大的离心力,使车载货物倾斜,质心偏移一侧,单边轮胎超载拖曳,加速磨耗,同时还会使轮胎被轮辋横向切割,造成损坏。

(6)在复杂情况下行驶(会车、超车、通过城镇、通过交叉路口、通过铁路)时,应掌握适当的行车速度,减少频繁制动,避免紧急制动,否则造成轮胎与地面之间的滑动摩擦,致使胎面严重磨损。

(7)在不良道路上应减速行驶,并仔细观察,择路通过,通过后应停车检查双胎之间是否夹有石子,如有应及时清除。

(8)车辆途中停车和到场停车,要养成安全滑行的停车习惯。在停车前要选择平整、干净和无油污的地面停放,每条轮胎都要平稳落地,尤其是车辆装载过夜,更应该注意选好停放地点,必要时将后轮顶起。

三、评价反馈

1. 简答题

一位车主来做车辆常规保养,请你列出在做车辆常规保养时对车轮进行维护和保养的主要项目。

2. 学习自测题

(1)分析表2-6中轮胎异常磨损的原因。

轮 胎 异 常 磨 损　　　　　表2-6

序号	图 示	磨损类型	产生原因
1		□胎面中间磨损　□胎肩磨损　□前束磨损	□气压不足　□气压过高　□前束过大

续上表

序号	图 示	磨损类型	产生原因
2		□胎面中间磨损　□胎肩磨损　□前束磨损	□气压不足　□气压过高　□前束过大
3		□胎面中间磨损　□胎肩磨损　□内侧磨损	□气压不足　□气压过高　□外倾角过小
4		□胎面中间磨损　□外侧磨损　□前束磨损	□气压不足　□前束过大　□外倾角过大
5		□胎面中间磨损　□胎肩磨损　□前束磨损	□气压不足　□气压过高　□前束过大

(2)汽车轮胎上的凹凸不平的花纹是为了(　　)。
　　A.增加摩擦　　　B.减少摩擦　　　C.美观　　　D.减少行驶时的噪声
(3)轮胎按其帘线方向来区分一般可分为(　　)。
　　A.子午线轮胎　　B.无内胎轮胎　　C.斜交轮胎　　D.有内胎轮胎
(4)当讨论车轮平衡问题时,技师A说静态不平衡引起胎冠中心的磨损;技师B说静态不平衡引起杯形的轮胎磨损。两人谁说得对？(　　)
　　A.只有A对　　　B.只有B对　　　C.二者都对　　　D.二者都不对
(5)轮胎标记当中195/65R15,其中195表示_____,65表示_____,15表示_____。
3.维修信息获取练习
(1)查阅资料说出轮胎"DOT ×× ××× ×× X 2307"的生产日期。

（2）查资料解释"TPMS"的含义。

（3）查资料说出如何确定轮胎正常使用寿命。

4. 学习目标达成度的自我检查（表2-7）

自 我 检 查 表   表2-7

序号	学习目标	达成情况（在相应的选项后打"√"）		
		能	不能	如果不能,是什么原因
1	了解轮胎的材料和构成,识别轮胎的型号			
2	叙述轮胎进行日常检查和维护的主要项目			
3	按规定的步骤和扭矩对车轮进行换位			
4	对轮胎进行修补和轮胎胎体的更换			
5	使用车轮动平衡仪对车轮进行动平衡检查			

5. 日常表现性评价（由小组长或组内成员进行评价）

（1）工作页填写情况。（　　）
　　A.填写完整　　　　B.缺失0~20%　　　C.缺失20%~40%　　　D.缺失40%以上

（2）工作着装是否规范？（　　）
　　A.穿着校服(工作服)、佩戴胸卡　　　B.校服或胸卡缺失一项
　　C.偶尔既不穿校服又不戴胸卡　　　　D.始终未穿校服、未佩戴胸卡

（3）能否主动参与工作现场的清洁和整理工作？（　　）
　　A.积极主动参与　　　　　　　　　B.在组长的要求下能参与
　　C.在组长的要求下能参与,但效果差　D.不愿意参与

（4）操作汽车举升器或起动发动机时,有无进行安全检查并警示其他同学？（　　）
　　A.有安全检查和警示　　　　　　　B.无安全检查有警示
　　C.有安全检查,无警示　　　　　　　D.既无安全检查,也无警示

（5）是否达到全勤？（　　）
　　A.全勤　　　　　　　　　　　　　B.缺勤0~20%(有请假)
　　C.缺勤0~20%(旷课)　　　　　　　D.缺勤20%以上

（6）总体印象评价。（　　）
　　A.非常优秀　　　B.比较优秀　　　C.有待改进　　　D.急需改进

(7)根据表2-8的内容进行小组评价,将评价情况填入表中。

学习情况反馈表　　　　　　　　　　表2-8

序号	评价项目	评价情况
1	小组在接到任务之后,是否分工明确	
2	小组同学之间,交流学习内容是否顺畅	
3	遇到难题时,你们小组能否分工协作	
4	能否通过小组合作完成检修过程	
5	能否保持工作环境的干净整洁	

(8)其他建议:

小组长签名:＿＿＿＿＿＿＿＿＿＿＿＿＿＿　　　　＿＿＿＿年＿＿＿月＿＿＿日

6.教师总体评价

(1)对该同学所在小组整体印象评价。(　　)

　　A.组长负责,组内学习气氛好

　　B.组长能组织组员按要求完成学习任务,个别组员不能达成学习目标

　　C.组内有30%以上的学员不能达成学习目标

　　D.组内大部分学员不能达成学习目标

(2)对该同学整体印象评价:

教师签名:＿＿＿＿＿＿＿＿＿＿＿＿＿＿　　　　＿＿＿＿年＿＿＿月＿＿＿日

学习拓展

1.泄气保用轮胎

在有限的距离,泄气保用轮胎设计成在没有充气的情况下能以约90km/h的速度行驶约80km。这一特点可以让汽车制造商设计汽车时,不留额外的空间装备胎,也不承受备胎和千斤顶总成的额外重力。

典型的泄气保用轮胎(也叫做可延长行驶路程轮胎)须用一个空气压力传感器和一个安装在仪表板上的接收器来提醒驾驶员轮胎缺气。由于轮胎胎侧有增强作用,所以轮胎有或没有气压,汽车的操纵性都相同。

2.轮胎的损伤和撕裂

1)撕裂

胎面部分的橡胶出现"裂开的"损伤。主要发生在从横沟型轮胎的胎肩开始的沟槽,严重时橡胶会呈现被撕裂的状态,如图2-32所示。

2)裂纹

裂纹是指橡胶层表面出现的橡胶裂缝,如图2-33所示。裂纹有因物理性力造成的物理性裂纹和因橡胶发生化学反应出现的化学性裂纹。一般常发生二者兼而有之的复合性裂纹。

图2-32 轮胎的撕裂

图2-33 轮胎的裂纹

3)切口(图2-34)

切口有道路障碍物造成的外伤、双轮胎间嵌入的石子带来的损伤、卡入胎面沟槽中的石子引起的破损等,如图2-34所示。

4)胎面脱开

胎面脱开是指构成轮胎的橡胶与帘线、橡胶与橡胶之间剥离开来的损伤,如图2-35所示。

5)其他损伤

除了上述损伤外,轮胎还可能出现胎圈钢丝折断等损伤,如图2-36所示。

图2-34 轮胎有切口

图2-35 胎面脱开

图2-36 钢丝折断

3. 部分轮胎品牌及型号与车型的配用

轮胎品牌及型号与车型的配用见表2-9。

部分轮胎品牌及型号与配用车型　　　　表2-9

品牌	轮胎型号	配用车型	品牌	轮胎型号	配用车型
米其林轮胎	195/60R15	欧宝雅特	倍耐力轮胎	205/55R16	新甲壳虫
	195/65R15	欧宝赛飞利		225/45R17	奥迪 S4
	205/55R16	高尔夫 V6		205/60R15	宝马 316g
	205/55R16	新甲壳虫		195/65R15	奔驰 C200
	205/55R16	奥迪 A6		215/55R16	奔驰 E240
	225/55R17	奥迪 A8		235/40ZR18	富豪 S80 T6
	225/40ZR18	奥迪 TT		225/45R17	富豪 C70
	185/60R15	雷诺梅甘娜		215/60R15	富士 NIWRC
	225/55R16	雷诺太空	普利司通轮胎	205/65R15	本田里程
	195/65R15	宝马 318i		215/60R16	丰田 PREVIA
	205/55R15	奔驰 SLK230		235/45ZR17	凌志 GS300
	185/65R15	雪铁龙毕加索		225/70R16	凌志 IS200
	185/65R15	雪铁龙桑蒂雅		155/65R14	大众路波 3L
	195/55R15	福特爱客新		245/45ZR18	宝马 Z8
	205/50ZR16	富豪 S40		175/70R13	福特爱卡
	225/55R16	富豪 S80		P235/50R17	福特林肯
	195/60R15	菲亚特多能		205/50R16	阿尔发 156
	205/65R15	现代 XG		185/60R14	斯柯达法比亚
	205/60R15	现代索娜塔		205/70R16	铃木 JIMNY
	195/65R15	本田雅阁		165/55R13	昌河北斗星
	185/65R15	丰田 Yaris	邓禄普轮胎	155/80R15	丰田 FUNTIME
	225/70R15	红旗旗舰 V8		225/55R17	凌志 LS430
固特异轮胎	LT235/75R15	雪佛兰开拓者		195/45R15	大众波罗 1.4
	P225/75R15	雪佛兰 S-10		175/60R14	路波 FSI
	P225/60R16	别克 GS		225/45ZR17	宝马 323Ci
	P225/60R16	别克 e-Car		235/60R16	宝马 L7
	205/55R16	帕萨特 V6		205/55R15	斯柯达欧雅 L.K
	P195/60R15	福特福克斯		205/60R15	斯柯达欧雅 SLX
	205/55R16	阿尔发 166	大陆轮胎	205/55R16	帕萨特 V5
	P215/50R17	三菱 ECLIPSE		185/65R15	雷诺风景
	195/60R14	桑塔纳 2000		165/70R14	雷诺甘果
	195/65R15	帕萨特 1.8GSI		185/60R15	雷诺梅甘娜
	165/60R14	富康 988EXC		225/55R16	宝马 528i
	185/60R14	捷达都市先锋		235/60R16	宝马 740iL
	185/60R14	捷达前卫		195/65R15	斯柯达欧雅
	195/65R15	欧宝威达		195/65R15	斯柯达欧雅 GLX

4. 车轮升级

升级源于用户对车辆高性能的追求。通常会加大发动机功率、改变轮胎或轮辋的尺寸来实现整车性能的提升。而人们通常的消费观念中,大尺寸、低扁平化是高性能车的代名词,这就确立了普通车辆进行车轮升级后也要十分时尚、美观的观念。而且,随着生活水平的提高,人们对于个性化的追求也是越来越高,这也推动了车轮升级的发展。

1) 车轮升级的基本原则

(1) 外直径保持基本不变。

(2) 断面宽度变化在 20mm 以内。

(3) 荷载指数与原配相同或在其以上。

(4) 速度级别与原配相同或在其以上。

(5) 轮辋直径变化在 2in 以内。

(6) 升级后轮胎轮辋不得与车体接触,外缘不能超出翼子板。

(7) 实车测试,确认无误。

2) 车轮升级后汽车性能的变化

(1) 外观更美观,个性化提升。

(2) 宽胎面接地面积增大,高速稳定性和转向时的抓地力提高,制动距离缩短。

(3) 低扁平化胎侧刚性提高,高速稳定性、转向时的抓地力和操纵反应性提高。

(4) 接地面积增大,加大了摩擦,降低了驱动效率。胎侧刚性提高会影响乘坐舒适感,并增加胎侧损伤机会。而大口径的轮辋不仅增加了车轮的质量,还使轮缘部位受损的机会增加。

学习任务 3 机械转向系统的检查与维修

学习目标

完成本学习任务后,你应当能:
1. 叙述机械转向系统的功用、形式、组成及工作过程;
2. 正确拆卸和装配齿轮齿条式转向器;
3. 进行转向系统主要零部件的检查、转向盘自由行程的检查及调整;
4. 在教师指导下,制订机械转向系统常见故障排除的计划并实施。

建议完成本学习任务为 12 学时

内容结构

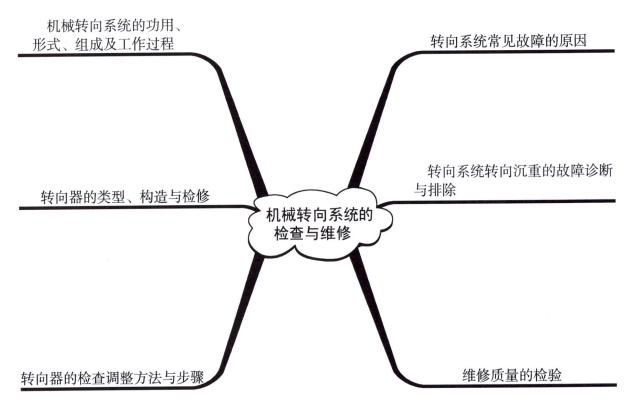

 学习任务描述

一辆捷达轿车,行驶时出现转向沉重、车身不稳现象。经初步检查,故障在齿轮齿条式转向系统,需要检修。请按专业要求检修转向系统,根据给定计划进行检修。

若汽车在行驶时出现转向沉重、车身不稳、汽车高速或低速摆振和转向盘自由行程过大等现象,则需检查转向系统,并调整或更换损坏的零部件。

一、学习准备

机械转向系统在汽车上的安装位置如图3-1所示,从图中可以看出转向系统的功用是让驾驶员通过控制转向盘来改变或保持汽车的行驶方向。

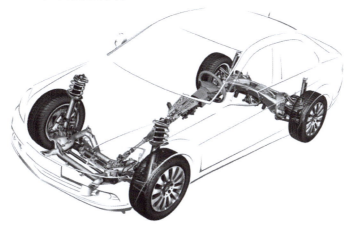

图3-1 汽车转向系统的安装位置

1. 汽车转向时既要转向轻便,又要转向灵敏。机械转向系统是如何实现这些功能的?机械转向系统由几部分构成?

如图3-2所示,汽车转向系统由操纵机构、_____和_____三大部分组成。

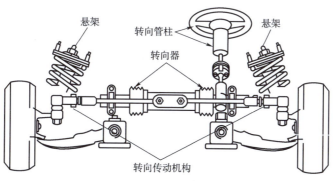

图3-2 转向系统的结构

1)操纵机构

转向操纵机构的作用是将驾驶员操纵转向盘的力传递给转向器;转向操作机构可以进行位置调节,以满足不同驾驶员的驾驶习惯和舒适性需求;为了防止车辆碰撞后对驾驶员的损伤,还设置有一定的安全保护装置。操纵机构组成主要包括转向盘、_____和转向柱等,基本结构如图3-3所示。

(1)转向盘。

如图3-4所示,转向盘由一个轮圈、轮辐和轮毂组成,转向盘中心和转向轴上端装配在一起,多数转向盘的由内花键与转向轴的外花键装配,中心轮毂的螺母将内外花键固定在转向轴上。为了驾驶员有很好的视野,转向盘上部的空间一般较大。

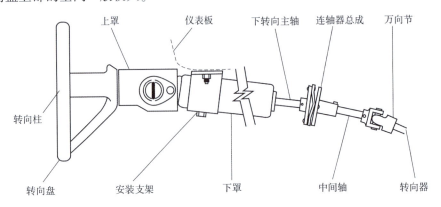

图 3-3　转向操纵机构的基本结构组成

(2) 转向柱。

如图 3-5 所示,转向柱主要由转向轴、中间轴和万向节等组成。通过它们把转向盘的旋转运动传递到转向器上。

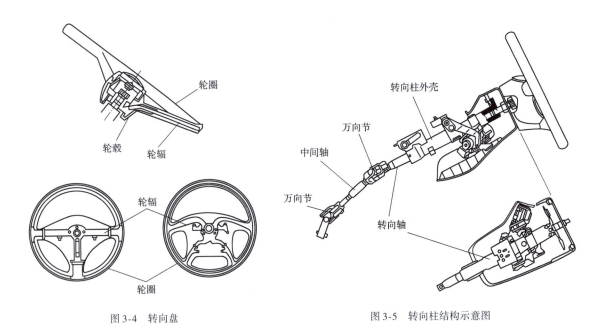

图 3-4　转向盘　　　　　图 3-5　转向柱结构示意图

转向操纵机构会导致转向沉重的故障吗?其原因是什么?

> 学习拓展

转向操纵机构除了转向盘和转向柱外还有许多附件,其中包括安全气囊、组合开关、防撞机构、高度与斜度调节机构、点火开关、锁止机构等。

1. 安全气囊

安全气囊的安装位置和作用如图3-6所示。

2. 组合开关

组合开关安装位置如图3-7所示。

图3-6 安全气囊

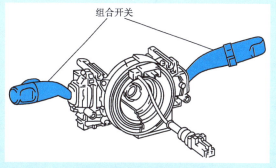

图3-7 组合开关

3. 防撞机构

如图3-8所示,转向柱的防撞机构形式主要有_____、_____和_____。当汽车发生碰撞时,防撞机构能减小驾驶人因惯性的作用撞击转向盘的力,防止转向轴伤害驾驶人。

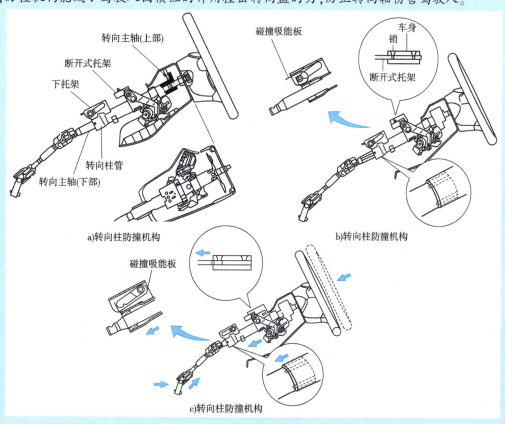

图3-8 防撞机构

4. 高度与斜度调节机构

驾驶员不同的驾驶姿势和身材对转向盘的最佳操纵位置有不同的要求。而且，转向盘的这一位置往往会与驾驶员进、出汽车的方便性发生矛盾。为此，一些汽车装设了可调节式转向柱，使驾驶员可以在一定的范围内调节转向盘位置。转向柱设计有调节机构，如图3-9和图3-10所示，主要有高度调节机构和_____机构。

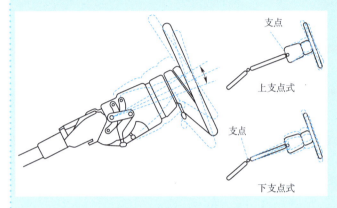

图3-9　倾斜度调节机构

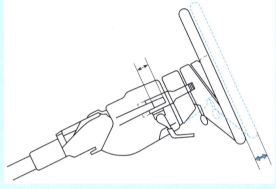

图3-10　高度调节机构

5. 转向柱上点火开关和锁止机构

如图3-11所示为点火开关的位置，在点火开关上通常都安装有机械的锁止机构，如果汽车钥匙拔掉后，转向轴即被锁止，不能实现汽车转向，起到防盗作用。

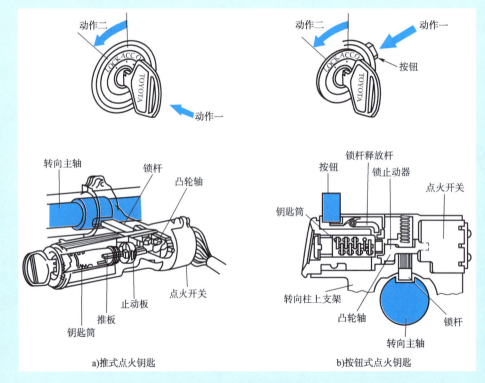

图3-11　点火开关和锁止机构

小提示

转向操纵机构直接关系到驾驶员和乘员的人身安全,在发生碰撞事故后,一定要全面检查,更换所有损坏的零件。

2) 转向器

汽车转向时,驾驶员操纵转向盘的力并不大,但汽车却能够轻松转向。这是用什么方式,通过哪个部件将转向力增大了?其次,又是哪个部件将转向盘转动转换为转向横拉杆的往复运动呢?这就是转向器(以齿轮齿条式转向器为例)。

转向器的种类较多,一般按转向器中传动副的结构形式分类。目前应用较广泛的有齿轮齿条式、循环球式、曲柄指销式和蜗杆滚轮式等几种。

轿车已经广泛采用可变传动比的齿轮齿条式转向器,基本结构是由一对相互啮合的_____、转向齿条和其他附件构成,如图 3-12 所示。

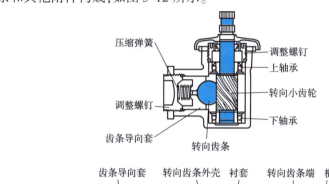

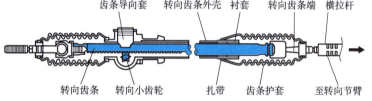

图 3-12　齿轮齿条转向器的构成

转向器是转向系统中的减速增矩装置,并改变转向力矩的传动方向。图 3-13 所示为两端输出的齿轮齿条式转向器。

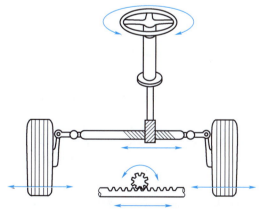

图 3-13　齿轮齿条转向器工作示意图

其工作过程为:转向盘→_____→转向轮。

 小提示

齿轮齿条式转向器在具有结构简单、成本低廉、转向灵敏和体积小等优点的同时,还具有能够直接带动横拉杆和通过横拉杆来转动转向轮的特点,因此,在轿车上得到广泛应用。

3)转向传动机构

转向器的力和运动是如何传给转向车轮的？内、外侧车轮偏转角的关系又是如何保证的？这个任务是由转向传动机构所完成的。

齿轮齿条式转向传动机构由转向横拉杆、球头和转向节等组成,如图3-14所示。

传动杆件之间采用球头连接形式。如图3-15所示,该结构由球头销、橡胶防尘套和球窝构成,在球销与球窝之间_____(需要/不需要)润滑脂润滑。

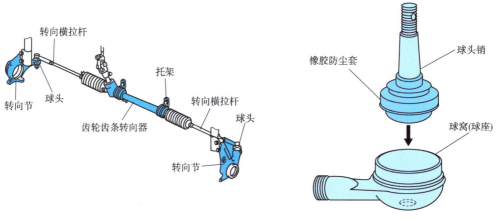

图3-14 转向传动机构位置及机构　　　　图3-15 球头结构

 小提示

在汽车底盘维护时,应注意观察橡胶防尘套是否破损,球头销与球窝是否松动。如果其中任何一个部件出现问题,都必须更换新球头。

1. 转向器类型

在轿车上通常使用齿轮齿条转向器,而载重汽车和越野车上大多会使用循环球式转向器。

1)循环球式转向器

如图3-16所示,循环球式转向器是一种常用的转向器,主要由螺杆、螺母、钢球和转向器壳体等零件组成。

由于螺母与螺杆之间不发生滑动摩擦,只有钢球与螺杆及螺母之间发生滚动摩擦,因而具有传动效率较高、操纵轻便、磨损较小和使用寿命长等优点,但是其结构特点也决定了它结构复杂、成本高、转向灵敏度不如齿轮齿条式。

如图3-17所示,与循环球转向器相匹配使用的转向传动机构是有别于齿轮齿条的。通常前者的传动机构为多段式传动机构。

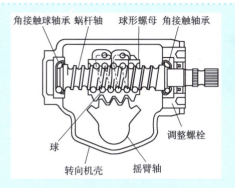

图3-16 循环球式转向器的结构

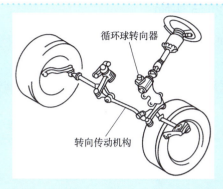

图3-17 循环球式转向器及转向传动机构的安装位置示意图

2) 曲柄指销式和蜗杆滚轮式转向器

如图3-18a)所示为曲柄指销式转向器;图3-18b)所示为蜗杆滚轮式转向器。这两种转向器目前较少使用,通常用在老式的载重汽车上。另外这两种转向器相匹配的转向传动机构与循环球式的转向传动机构基本一样。

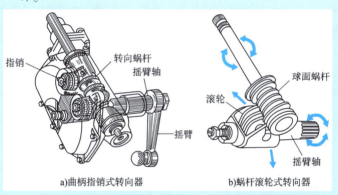

图3-18 曲柄指销式和蜗杆滚轮式转向器机构示意图

2. 转向盘自由行程

1) 转向盘自由行程的含义

转向系统各传动件之间都存在着装配间隙,而且这些间隙将随零件的磨损而增大,因此,在一定的范围内转动转向盘时,转向节并不随其同步转动,而是在消除这些间隙并克服机件的弹性变形后,才作相应的转动,即转向盘有一定的空转过程。但是由于角度不易测量,因此,在进行实际操作的过程中常使用转向盘圆周转过的长度来代替角度,称为自由行程,单位为毫米(mm)。

2) 转向盘自由行程的检查调整

使汽车前轮处于直线行驶状态,用指尖向左、向右轻轻推动转向盘,在转向盘外圆周上测量手感变重时(即轮胎开始转动)的自由行程。如该值在规定值之内,说明状况正常。如果不符合要求,先检查转向系各零部件的连接情况是否松旷,再对转向器进行检查和调整。

不同车型规定有不同的自由行程最大值。如图3-19所示,通常转向盘从直行中间位置向任一方向的自由行程为10～15mm。当转向盘的自由行程超过15mm时,就需要调整或换件,有些车型(如金杯汽车)的转向盘自由行程最大为25mm。

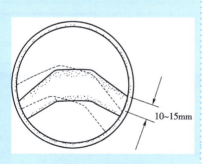

图3-19 转向自由行程

二、计划与实施

如果驾驶员在驾驶过程中感觉转向沉重,需对车辆的转向系统进行检查与维修。

 2. 为保证计划实施的准确性,实施前对车辆信息进行检查、登记和核实。请将表 3-1 填写完整。

信息记录表　　　　　　　　　　　　　　　　表 3-1

项　目	内　容
生产年份	
车型	
行驶里程(km)	
汽车识别码 VIN	
车牌号码	
发动机型号	
工具	常用工具、轮胎气压表、直尺、虎钳、专用维修工具、放油盘、抹布等
参考资料	维修手册
其他要求	统一穿着保护性衣物

 3. 查阅维修资料,将图 3-20 转向沉重故障诊断与维修流程图补充完整,并制订维修计划,按计划实施。

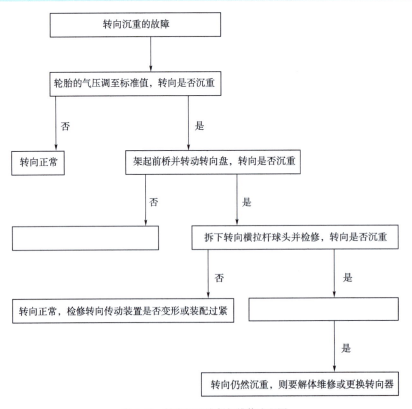

图 3-20　转向沉重诊断与维修流程图

1）检查轮胎气压
（1）若气压过低则应将气压调整至标准值,并观察故障是否排除。
轮胎气压的高低会影响转向的轻便性吗？为什么？

_____

（2）如果故障仍未排除,则需要进行下一步检修。

2）转向节球头检修
（1）将前桥车轮支起,检查转向是否轻便,如图 3-21 所示。　　　　　　　　□任务完成

图 3-21　转向节球头的检查

（2）如果轻便,则对车轮定位进行调整(参考学习任务 6 车轮定位的检测与维修)。　□任务完成
（3）拆开连接横拉杆与转向节的球头。　　　　　　　　　　　　　　　　　　□任务完成
（4）来回摆动车轮,如果摆动沉重,应为转向节球头节配合过紧或缺油,更换转向节球头。
　　　　　　　　　　　　　　　　　　　　　　　　　　　　　　　　　　□任务完成
（5）如果故障不能被排除,则应进行下一步检修。
3）检查横拉杆球头节
（1）如图 3-22 所示,来回转动球头节,若转动困难,则应更换横拉杆球头节。　□任务完成

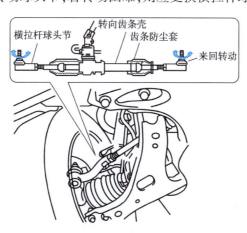

图 3-22　横拉杆球头节检查

（2）若故障不能被排除,则应进行下一步检修。
4）检查与调整啮合间隙
根据松紧度将齿轮齿条的啮合间隙调整到规定值。　　　　　　　　　　　　□任务完成

4. 经检查转向沉重故障确定为转向器故障,需进行解体维修,则卸下转向器总成,然后对转向器进行解体维修。根据下列计划解体维修转向器。

1)转向器的分解

如图3-23所示为齿轮齿条式转向器的结构分解图。

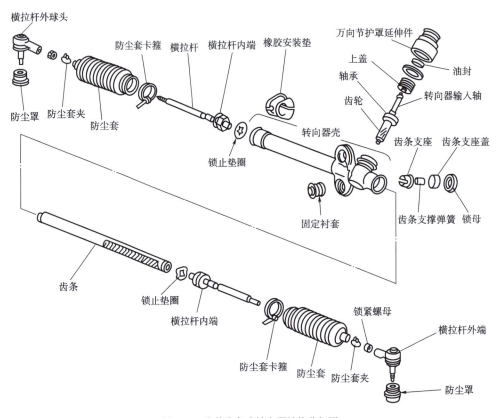

图3-23 齿轮齿条式转向器结构分解图

小提示

以下为金杯海狮机械齿轮齿条转向器,相关的数据请参阅维修手册。

(1)如图3-24所示,将机壳夹在台虎钳上,使用专用工具将转向传动齿轮固定在台虎钳上。

(2)拆下转向横拉杆尾端。

①如图3-25所示,在横拉杆与锁紧螺母相邻的螺纹处做配合记号,以确定两者的相对位置。

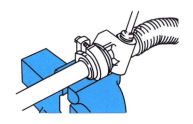
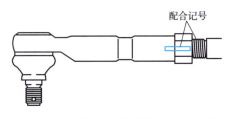

图3-24 使用专用工具将转向器固定在台虎钳上　　图3-25 转向横拉杆和齿条后端上做配合记号

> 小提示
>
> 拆卸时,在连接零件表面做上配合记号,是为了保证装配时,保持正确的装配位置。

②拧松锁紧螺母,拆下转向横拉杆尾端。
③拆下齿条保护罩,拆下螺钉、卡夹和保护罩。
④拆下防尘罩。
⑤拆下齿条尾端和带齿垫圈。
a. 如图 3-26 所示,凿松带齿垫圈。

> 小提示
>
> 在拆卸齿轮齿条时注意保护啮合部件,不可撞击损伤齿条。

b. 使用专用工具拆下齿条尾端,如图 3-27 所示。

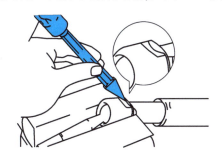 

图 3-26　拆下齿条尾端带齿垫圈　　　　　图 3-27　拆下齿条尾端

c. 拆下带齿垫圈。
⑥拆下齿条导套弹簧帽锁紧螺母。
如图 3-28 所示,使用专用工具拆下齿条导套弹簧、调整螺钉锁紧螺母。
⑦拆下齿条导套弹簧、调整螺钉和齿条导套弹簧。
如图 3-29 所示,使用六角套筒扳手拆下弹簧调整螺钉。

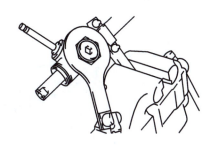 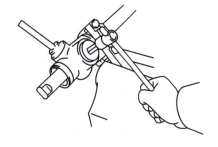

图 3-28　拆下齿条导套弹簧、调整螺钉锁紧螺母　　　图 3-29　拆下弹簧调整螺钉

> 小提示
>
> 可使用如图 3-30 所示的专用工具代替六角套筒扳手。

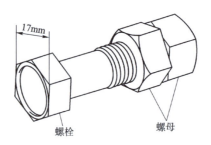

图 3-30　弹簧调整螺钉拆卸专用工具

⑧如图 3-31 所示，拆下小齿轮轴承调整螺钉的锁紧螺母，使用专用工具拆下锁紧螺母。

⑨如图 3-32 所示，拆下小齿轮轴承调整螺钉，使用专用工具拆下调整螺钉。

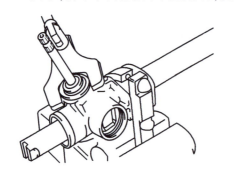
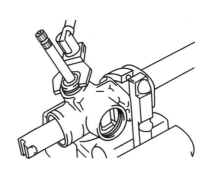

图 3-31　拆下锁紧螺母　　　　　　图 3-32　拆下调整螺钉

 小提示

在拆下调整螺钉时，不要损伤调整螺钉处的油封唇。

⑩如图 3-33 所示，拆下带上轴承的小齿轮。

 小提示

拆卸小齿轮时应注意不要损伤齿面。

⑪如图 3-34 所示，拆下齿条，但不要转动齿条，从壳体侧将其拆下。

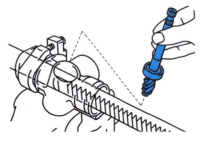
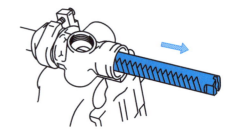

图 3-33　拆下小齿轮　　　　　　图 3-34　从壳体侧拆下齿条

 小提示

如果从管侧拉齿条，则齿条的齿面有可能会碰伤衬套。

⑫如图3-35所示,拆下齿条导套。
a. 拆下齿条导套;
b. 从导套上拆下O形圈。
2）齿轮齿条式转向器零部件的检修
（1）如图3-36所示,检查齿条。
①检查齿条的径向圆跳动。
检修车型的齿条径向圆跳动规定值为：_____ mm。
检测结果是：_____ mm,是否符合规定要求？　　　　□是,继续使用　□否,更换新齿条
②检查齿条齿面和背面是否磨损或损坏。　　　　　　　□是,继续使用　□否,更换新齿条

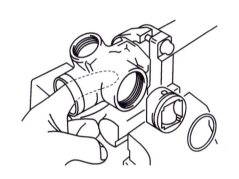

图3-35　拆下齿条导套

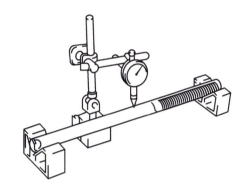

图3-36　检查齿条的径向圆跳动

（2）检查齿条衬套工作表面是否磨损或损坏,如图3-37所示。
　　　　　　　　　　　　　　　　　　　　□是,继续使用　□否,更换更换齿条衬套
（3）检查转向小齿轮轴承是否磨损或损坏,如有应更换轴承。
①将齿条壳体加热到80℃以上。
②如图3-38所示,用塑料锤子敲打齿条壳体,以便借助反冲力拆下下轴承。

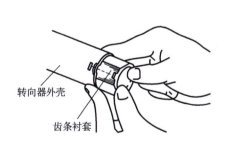

图3-37　齿条衬套装位置

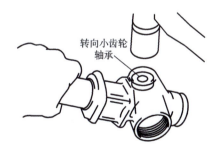

图3-38　敲打齿条壳体拆下下轴承

③将齿条壳体加热到80℃以上。
④如图3-39所示,使用专用维修工具安装新轴承。
（4）更换小齿轮轴承调整螺钉的油封。
①使用专用工具拆下油封。
②如图3-40所示,使用专用维修工具敲入新油封。

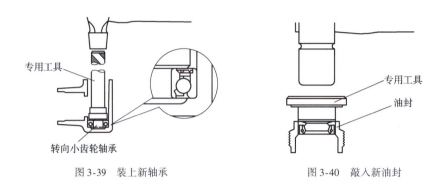

图3-39 装上新轴承　　　　图3-40 敲入新油封

> **小提示**
>
> 在装入新油封时,要使油封的顶端与螺钉的尾端面对准。

3)齿轮齿条式转向器的调整与装配

按与拆卸的相反顺序进行装配。在装配过程中注意有两个指标需要调整:一是转向小齿轮的轴承预紧力;二是转向小齿轮与齿条的啮合间隙。

(1)调整转向小齿轮轴承预紧力。

①如图3-41所示,把小齿轮装进壳体后,用扳手调整小齿轮的调整螺钉并锁紧。

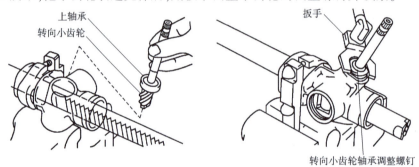

图3-41 转向小齿轮安装及轴承预紧力调整

②使用扭力扳手,在顺时针、逆时针两个方向上测量轴承的预紧扭矩,如图3-42所示。预紧扭矩为 0.1~0.2N·m,调整完成后将轴承调整螺钉上的锁紧螺母拧紧。

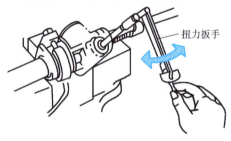

图3-42 扭力扳手测试轴承预紧力

如果预紧扭矩大于0.2N·m,应当如何处理,预紧力过大与转向沉重故障有什么关系?

如果调整扭矩过小,对转向盘自由行程是否有影响?若有,是什么影响?

(2)调整转向小齿轮与齿条的啮合间隙。

①齿轮啮合间隙的调整可以通过改变齿条导套中的调整弹簧预紧力的方式来进行。调整弹簧的位置如图3-43所示。

②以25N·m的扭矩拧紧调整螺钉,接着将调整螺钉松开,反向拧25°,如图3-44所示。

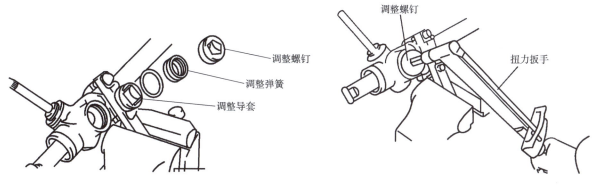

图3-43 安装齿条导套、调整弹簧位置　　　　图3-44 调整小齿轮与齿条的啮合间隙

③使用专用维修工具和扭力扳手在顺时针、逆时针两个方向测量从中间位置开始一圈之内的总预紧扭矩,转动时的预紧扭矩为0.7~1.7N·m,如图3-45所示。调整后将调整螺钉上的锁紧螺母拧紧。

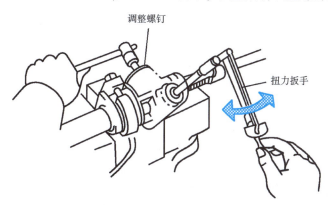

图3-45 测量总预紧扭矩

如果预紧扭矩大于1.7N·m,应如何处理?预紧力过大对转向沉重故障有什么关系?

如果调整扭矩过小,对转向盘自由行程有什么影响?

小提示

在装配过程中有相对运动摩擦的地方如转向小齿轮、齿条轴承、密封圈等,要按量添加相应的润滑脂。

5. 为了保证维修效果,需对转向系统进行竣工检查。如果转向系统工作良好,路试时应具有哪些基本性能?

(1)操纵灵活性良好,无异响;
(2)转向操作力适当;
(3)转向盘复位平稳。

三、评价反馈

1. 简答题

运用所学知识,查阅相关维修资料,完成机械转向系统转向自由行程过大的故障诊断排除计划。

2. 学习自测题

(1)转向器是转向系统( )装置。
  A. 传速   B. 减速增力   C. 减速   D. 增力

(2)安装转向柱和转向盘时,车轮应处于直线行驶位置。( )
  A. 正确   B. 错误

(3)一般汽车转向盘左右自由转动量不超过30mm。( )
  A. 正确   B. 错误

(4)采用齿轮齿条式转向器时,不需( ),所以结构简单。
  A. 转向节臂 B. 转向摇臂   C. 转向直拉杆 D. 转向横拉杆

(5)转向横拉杆两端螺纹的入旋方向一般均为右旋。( )
  A. 正确   B. 错误

(6)以下哪个部件不属于转向传动机构?( )
  A. 转向摇臂 B. 转向节臂   C. 转向轮   D. 转向横拉杆

(7)对转向器做调整或维修之前,先仔细检查前轮定位、减振器、轮胎气压等可能出问题的部位。( )
  A. 正确   B. 错误

3. 维修信息获取练习

一位车主反映他的汽车在直线行驶时,转向轮自动偏向一边,必须紧握转向盘,不断校正方向,才能保持直线行驶;有时,行进中会突然感到方向往一侧偏转,其偏转力越来越大等。请你运用所学的知识,查找相关维修资料,帮助维修人员找出汽车跑偏的原因。

4. 学习目标达成度的自我检查(表3-2)

自我检查表　　　　　　　　　　　　　　　　　　　　　　　　　　表3-2

序号	学习目标	达成情况(在相应的选项后打"√")		
		能	不能	如果不能,是什么原因
1	说出机械式转向系统的组成			
2	完成机械式转向系统的基本检查			
3	完成转向器的拆装与装配			

5. 日常表现性评价(由小组长或者组内成员进行评价)

(1)工作页填写情况。(　　)

　　A. 填写完整　　　　B. 缺失0~20%　　　　C. 缺失20%~40%　　　　D. 缺失40%以上

(2)工作着装是否规范?(　　)

　　A. 穿着校服(工作服)、佩戴胸卡　　　　B. 校服或胸卡缺失一项

　　C. 偶尔既不穿校服又不戴胸卡　　　　D. 始终未穿校服、未佩戴胸卡

(3)能否主动参与工作现场的清洁和整理工作?(　　)

　　A. 积极主动参与　　　　B. 在组长的要求下,能参与

　　C. 在组长的要求下,能参与,但效果差　　　　D. 不愿意参与

(4)操作汽车举升器或起动发动机时,进行安全检查并警示其他同学吗?(　　)

　　A. 有安全检查和警示　　　　B. 无安全检查,有警示

　　C. 有安全检查,无警示　　　　D. 既无安全检查,也无警示

(5)是否达到全勤?(　　)

　　A. 全勤　　　　B. 缺勤0~20%(有请假)

　　C. 缺勤0~20%(旷课)　　　　D. 缺勤20%以上

(6)总体印象评价。(　　)

　　A. 非常优秀　　　　B. 比较优秀　　　　C. 有待改进　　　　D. 急需改进

(7)根据表3-3的内容进行小组评价,将评价情况填入表中。

学习情况反馈表　　　　　　　　　　　　　　　　　　　　　　　　　表3-3

序号	评价项目	评价情况
1	小组在接到任务之后,是否分工明确	
2	遇到难题时,小组是否分工协作	
3	能否规范使用专用工具	
4	能否规范检修机械式转向系统	
5	能否保持工作环境的干净整洁	

如果以 12 分为满分,你可以给自己多少分:_____

(8)其他建议:

小组长签名:_____　　　　　　　____年____月____日

6. 教师总体评价

(1)对该同学所在小组整体印象评价。(　　　)

    A. 组长负责,组内学习气氛好

    B. 组长能组织组员按要求完成学习任务,个别组员不能达成学习目标

    C. 组内有 30% 以上的学员不能达成学习目标

    D. 组内大部分学员不能达成学习目标

(2)对该同学整体印象评价:

教师签名:_____　　　　　　　____年____月____日

学习拓展

  转向一般是两轮转向,除此以外有些汽车的配置是四轮转向,四轮转向可以提高汽车转向的灵活性和高速行驶时的稳定性。四轮转向的形式有哪些?应用在哪些车型上?

  1)四轮转向系统的形式

  (1)被动后轮转向:被动意味着不需要转向输入就能引起后轮转向的效果。汽车转弯时作用于悬架系统的惯性力使后轮的前束值发生变化,后轮前束值的变化作用于车辆,使车辆产生被动转向。

  (2)主动后轮转向:主动就是采用机械、电子和液压机构使车轮转动从而改变后轮前束。

  (3)同相位操作,同相位操作意味着前后轮以同一个方向转向。尤其在快速变车道操作时,同相位转向提高了转向响应的灵敏度。

  (4)反相位操作:也称作负相位模式,即前轮和后轮以相反的方向转向,如图 3-46 所示,反相位操作能迅速改变汽车的方向,但会引起过度转向。低速时反相位转向的转向性能较好,高速或变换车道操作时同相位转向的转向性能较好。

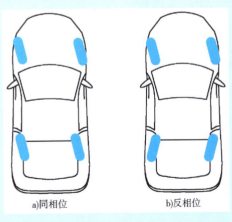

图 3-46　转向系统设计的类型

  2)反相位操作应用实例

  本田、马自达和日产汽车四轮转向系统采用反相位操作,如图 3-47 所示。

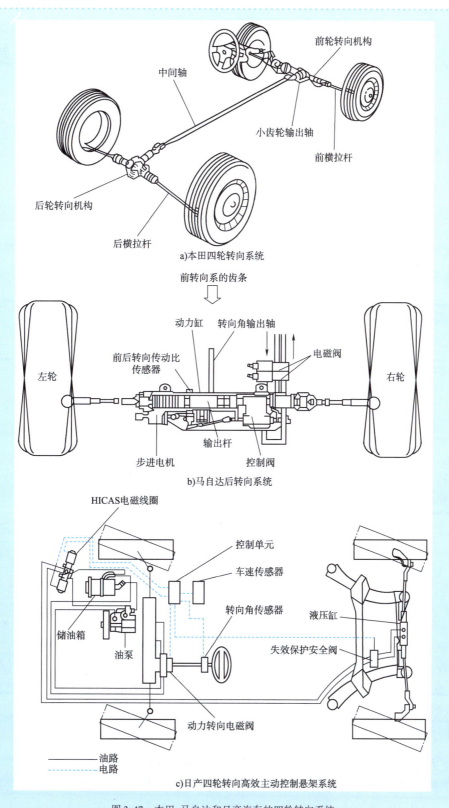

图 3-47 本田、马自达和日产汽车的四轮转向系统

学习任务4　电控助力转向系统的检查与维修

学习目标

完成本学习任务后,你应当能:
1. 叙述电动助力转向系统的结构和工作原理;
2. 明确电动助力转向系统各部件的安装位置;
3. 运用电动助力转向系统的工作原理,为客户提出正确的维护转向系统的建议;
4. 在教师指导下,根据计划规范完成电动助力转向系统的检修作业。

建议完成本学习任务为 20 学时

内容结构

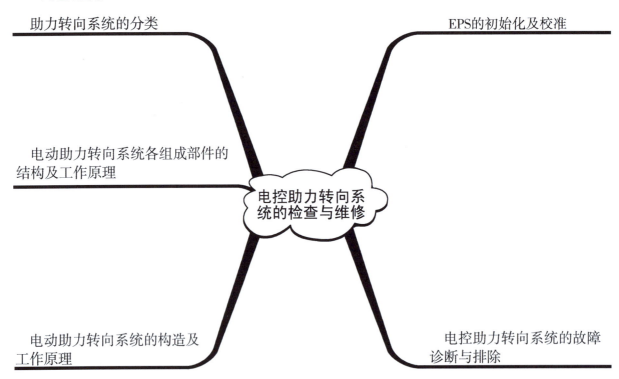

学习任务描述

有一辆丰田卡罗拉GL车型轿车,行驶里程为3.5万km,在行驶过程中出现转向发紧、沉重,P/S故障指示灯常亮,电动助力转向系统不起作用等故障现象。需对该车的助力转向系统进行检修。

助力转向系统是通过增加外力来抵抗转向阻力,从而使转向操纵轻便,让驾驶者只用更少的力就能够完成转向;转向器的角传动比较小,让车辆反应更加敏捷,一定程度上提高了安全性。因此,助力转向系统广泛应用于轿车中。助力转向系统的故障除了与机械转向的相关零件有关外,还与助力系统的类型有关。因此,可以通过对助力系统和相关的机械零件的检查或更换来排除故障。

一、学习准备

1. 助力转向系统通常有哪些类型?

汽车电控助力转向系统的功能就是根据各传感器的信号判断驾驶意愿和车辆状态信息,借助于液压系统的液体压力或电动机驱动力来对车轮的转向实现不同程度的助力,所以助力转向系统也称为转向助力装置。按照动力源不同,电控助力转向系统可分为_____和_____两种如图4-1、图4-2所示。现在轿车一般采用_____。电控液压助力转向系统是在普通助力转向系统中增设了控制液体流量的电控系统,包括电磁阀,车速传感器以及电控单元(ECU)等。ECU 通过传感器的信号控制电磁阀的开、闭,使得动力转向的助力程度连续可调,从而满足车辆在高、低速时的不同转向要求。电控电动助力转向系统是采用电动机作为动力源,电控单元依据转向参数和车速传感器信号控制施加在转向机构上的电动转矩的大小和方向,得到一个相应的转向助力。

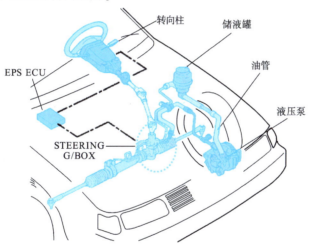

图4-1 液压助力转向系统

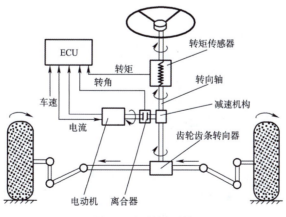

图4-2 电动转向系统

2. 电控电动助力转向（EPS）系统由哪些部件组成？各部件的作用是什么？

液压动力转向系统由于工作压力和工作灵敏度较高，尺寸较小，因而获得广泛应用。但这类动力转向系统结构复杂，消耗功率大，容易产生泄漏，转向力不易有效控制等。近年来随着电脑在汽车上的广泛应用，出现了电控电动助力转向系统，简称"EPS系统"。与液压动力转向系统相比，电控电动助力转向系统可谓是"按需型"系统，只在_____（转向/不转向）时消耗较少的能量。

电控电动助力转向系统是在机械转向机构的基础上增加了电控部分，它的核心由扭矩传感系统、助力系统和控制系统三大部分组成。虽然不同车型的电动EPS转向系统有所不同，但是结构大体相似，EPS系统各组成元件在汽车上的布置如图4-3所示。

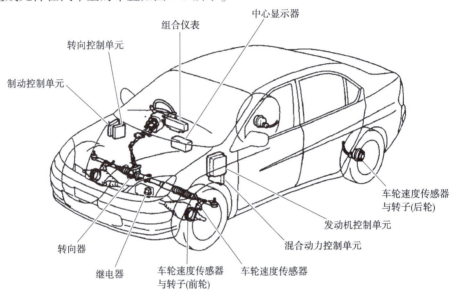

图4-3 EPS系统各组成元件在车上的布置

1）电控电动助力转向（EPS）系统的基本组成

轿车的EPS系统组成，如图4-4所示。一般都是由车速传感器、_____、_____、_____、离合器和减速器等组成。EPS根据各种传感器的信号，通过电动助力转向控制单元（以下简称"转向控制单元"）控制装在转向齿轮壳上的直流电动机（即助力电动机），由该电动机驱动增加转向操纵力。

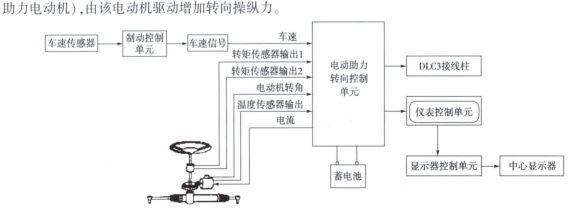

图4-4 EPS系统组成框图

2) 电控电动助力转向(EPS)系统的工作原理

EPS系统是由ECU控制转向电机工作来实现助力的转向系统。驾驶员转向时,转向盘通过传动轴的花键毂带动转向主动轴(输入轴),转向主轴再通过金属销带动弹性扭转杆;弹性扭转杆下端是小齿轮(输出轴),小齿轮与转向齿条啮合产生动力输出,驱动车轮向左或向右偏摆而实现转向。与此同时,助力过程也在进行,由于弹性扭转杆比较细长,受到来自转向轴的扭矩时,很容易产生扭转变形,因此,输入轴与输出轴之间产生上下转角差,扭矩越大转角差_____(越大/越小);转矩传感器检测转角差大小并转化为电信号输给EPS系统ECU,EPS系统ECU根据转矩大小输出不同的驱动电压,以驱动转向助力电动机产生助力,转矩越大输出的驱动电压_____(越高/越低),驱动电压在27~34V变化。但当驾驶员未转向或车辆直线行驶时,助力电动机不转,此时助力电动机的电压为零。转向助力电动机的电流由EPS系统ECU控制,随车速变化而变化,EPS系统ECU根据转向力矩值及车速计算所需输出(电流/电压)并控制电机运转。车速越高,转向助力电机的电流越小;车速越低,转向助力电机的电流越大。因此,转向助力的大小由两个因素决定,即转向盘输入扭矩与车辆的行驶速度。车辆保持在转向位置是靠驾驶员把住转向盘来维持的。EPS系统的工作原理如图4-5所示。

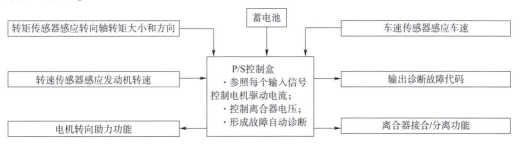

图4-5 EPS系统的工作原理图

3) 电控电动助力转向(EPS)系统基本组成部件的构造与功能

(1) 转向器。

转向器采用传统的齿轮齿条式转向机构。齿轮齿条式转向器由小齿轮驱动,使齿条左右移动,从而改变汽车的_____方向。

(2) 控制单元(ECU)。

①基本功能:转向控制单元根据各传感器的_____以及_____的操纵力、车速等,计算出助力_____(电流/电压)值,向助力电动机输出。

②安全功能:当各传感器出现异常时,一般情况下电源会被切断,助力_____(停止/减少),转向系统进入手动机械式转向状态。此外,若系统其他地方出现异常,则助力电流_____(下降/上升),助力量固定在不考虑车速的范围内,保持助力状态。同时,中心显示器显示_____,提醒驾驶员系统出现异常。

(3) 助力电动机总成。

助力电动机总成由_____和_____组成,它安装于转向柱的中部或在齿轮齿条式转向器壳体中,如图4-6所示。这样布置是为了避免对独立悬架机构造成干涉,同时又能确保齿条行程、车轮定位角以及车轮的转向性能。

助力电动机总成采用低惯性的直流电动机,直流电动机由_____、_____和温度传感器等组成,如图4-7所示。电动机轴与减速机构的准双曲面小齿轮制成一体,将助力电动机产生的转矩传给转向器小齿轮轴;电动机转角传感器能够检测出转向系统的转向角,并将其输出至动力转向ECU总成,从而确保了EPS控制的高效性。

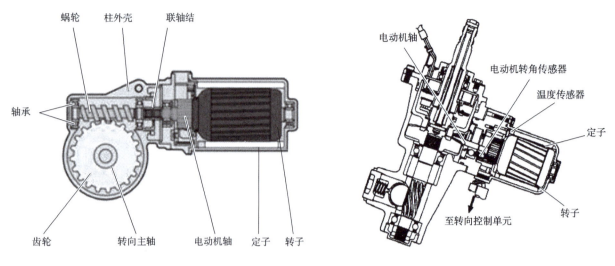

图4-6 直流电动机和减速机构　　　　　　图4-7 直流电动机的组成

减速机构由固定在转向器小齿轮轴上的环状盆齿轮和与电动机轴制成一体的准双曲面小齿轮构成。减速机构将电动机的助动力传给转向器小齿轮轴,增大转向操纵力。

（4）转矩传感器的结构与工作原理。

转矩传感器用于检测作用在转向盘上转矩信号的大小,当驾驶员操纵转向盘时,转向转矩通过转向主轴把转向转矩施加到转矩传感器输入轴上,如图4-8a)所示。转向扭矩传感器包括分相器单元1与分相器单元2两部分,分别安装在转向轴(输入轴)和转向小齿轮轴(输出轴)上,如图4-8b)所示。其工作原理是检测环1、2定位在输入轴(转向盘一侧)上,检测环3则定位在输出轴(转向器一侧)上。输入轴和输出轴通过拉杆连接。在检测环2、3之间产生一个相位差,根据这个相位差,把与输入转矩成正比的信号输出到电子控制模块。根据这个信号,电子控制模块计算出当前车速下直流电动机的辅助转矩并驱动_____,如图4-8c)所示。

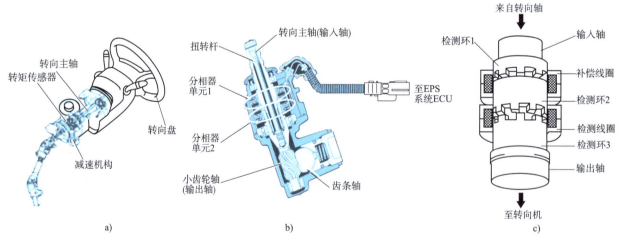

图4-8 转矩传感器

二、计划与实施

当汽车P/S灯亮时,需要对故障症状确认,并对故障诊断。

3. 为保证计划实施的准确性，实施前对车辆信息进行检查、登记和核实。请将表 4-1 填写完整。

信 息 记 录 表　　　　　　　　　表 4-1

项　　目	内　　容
生产年份	
车型	
行驶里程(km)	
汽车识别码 VIN	
车牌号码	
发动机型号	
工具	常用工具、千斤顶、诊断仪、万用表、抹布等
参考资料	维修手册
其他要求	统一穿着保护性衣物
使用何种助力转向系统	

4. 当电控电动助力转向系统出现了转向的故障，怎样检测和排除故障？

(1) 描述你使用的手持式汽车诊断电脑的型号：_____。
(2) 检测花冠轿车电控电动助力转向系统，具体检测流程如图 4-9 所示。
(3) 观察仪表助力转向系统故障指示灯情况。
①将点火开关打到 OFF 位置。
②观察故障指示灯是否常亮。　　　　　　　　　　　　　　　　　　□是　□否
如故障指示灯常亮，造成卡罗拉 P/S 灯常亮的故障原因主要有哪些：

(4) 检查蓄电池电压。
①将点火开关置于 OFF 位置。
②测量蓄电池电压是否正常。　　　　　　　　　　　　　　　　　　□是　□否
③如蓄电池电压不正常，如何处理？

(5) 用诊断仪读取故障码及数据流。
①读取并记录故障码：查阅维修手册，根据维修手册指引读取、清除故障码，并记录故障码。

②读取并记录数据流:查阅维修手册,根据维修手册指引读取数据流,并记录对比,找出不正常数据。

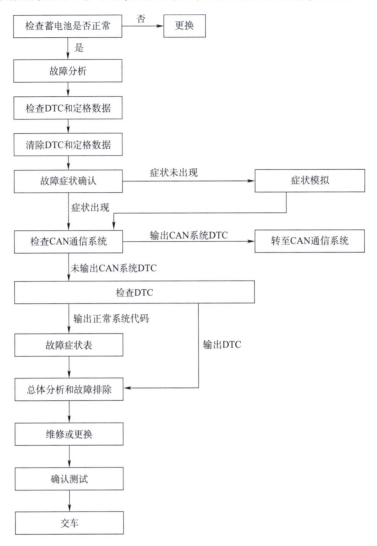

图4-9　花冠轿车电控电动助力转向系统的检测流程图

(6)转矩传感器电路故障检测。

①查阅维修手册,将花冠轿车转矩传感器的电路图画在下面空白处。

②将点火开关置于OFF位置。

③将丰田专用检测仪连接到DLC3。

④将点火开关置于ON位置,并接通丰田专用检测仪。

⑤进入菜单选择DTC按钮。

⑥进入菜单项:Chassis/ EMPS/ DataList。

⑦选择数据表中的"Torque Sensor 1 Output"和"Torque Sensor 2 Output"项,读取智能检测仪上的显示值,并填写在表4-2中。

学习任务4　电控助力转向系统的检查与维修

读取智能检测仪上的显示值　　　　　　　　　　　　　　　　　　　　表 4-2

诊 断 附 注	正常条件(V)	显　示　值		是 否 正 常
		转矩传感器1	转矩传感器2	
转向盘未转动	2.3～2.7V			
车辆停止时,转向盘转向右侧	2.5～4.7V			
车辆停止时,转向盘转向左侧	0.3～2.5V			

⑧检查"TorqueSensor l Output"和"TorqueSensor 2 Output"值的差别。正常差值低于_____。

⑨如果电压差高于 0.3V,检查转向_____,并填写完成表4-3。如电压不正常查找故障部位,必要时更换 EPS 系统的 ECU。

检 查 记 录 表　　　　　　　　　　　　　　　　　　　　　　　　　表 4-3

检测仪连接	测 试 条 件	实 测 值	标 准 值	是 否 正 常
TRQV—PGND	点火开关 ON			

⑩检查转矩传感器。

将点火开关置于 ON 位置,检测扭矩传感器信号电压,并完成表4-4。如电压不正常查找故障部位,必要时更换动力转向柱总成。

检测转矩传感器信号电压　　　　　　　　　　　　　　　　　　　　表 4-4

端子编号	测 试 条 件	实 测 值	标 准 值	是 否 正 常
TRQ1—PGND	转向盘处于中间位置			
TRQ2—PGND	转向盘处于中间位置			
TRQ1—PGND	转向盘向右转			
TRQ2—PGND	转向盘向右转			
TRQ1—PGND	转向盘向左转			
TRQ2—PGND	转向盘向左转			

(7)电动机电路检测。

①查阅维修手册,将电动机电路的电路图画在下面空白处。

②将点火开关置于 OFF 位置。

③将丰田专用检测仪连接到 DLC3。

④将点火开关置于 ON 位置,并接通丰田专用检测仪。

⑤进入菜单选择 DTC 按钮。出现故障代码 C1524,说明电动机短路(开路),或电动机电压或电流异常。

⑥进入菜单项:Chassis/ EMPS/ Data List。

⑦选择数据表中的"Motor Actual Current"和"Command Value Current"项,并读取智能检测仪上的显示值。

⑧转动转向盘检查电流是否变化,并完成表4-5。正常情况下,转动转向盘时电流发生变化。

检查电流记录表　　　　　　　　　　　　　　　　　表 4-5

智能检测仪显示	正常条件	实测值	是否正常
电动机实际电流 （Motor Actual Current）	转向左侧		
	中央		
	转向右侧		
命令电流值 （Command Value Current）	转向左侧		
	中央		
	转向右侧		

⑨检查线束和连接器线束连接器如图 4-10、图 4-11 所示。

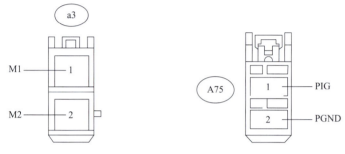

图 4-10　线束连接器前视图（一）　　　图 4-11　线束连接器前视图（二）

a. 从 EPS ECU 上断开线束连接器。

b. 点火开关置于 ON 位置，用万用表连接 A75-1 和车身搭铁，测量电压值。如电压值异常，查找故障部位，必要时更换线束或连接器。

c. 用万用表连接 A75-2 和车身搭铁，测量电阻值。如电阻值异常，查找故障部位，必要时更换线束或连接器。

（8）电动助力转向系统初始化和校准。

请查阅维修手册，说明在哪些情形需执行 EPS 系统的初始化和校准？

EPS 系统初始化和校准步骤：

①校准前检查。

a. 将点火开关置于 OFF 位置。

b. 连接智能检测仪（GTS）到 DLC3。

c. 将点火开关置于 ON（IG）位置。

d. 接通智能检测仪（GTS），进入以下菜单项：Chassis/EMPS/Data List，检查蓄电池电压，如果测量值为 9V 或更低则不能执行校准，需对蓄电池充电或更换蓄电池然后执行校准。

②进行扭矩传感器零点校准。

a. 将转向盘设定至中心点，并使前办垂直向前对齐。

b. 将点火开关置于 OFF 位置。

c. 连接智能检测仪（GTS）连接到 DLC3。

d. 将点火开关置于 ON（IG）位置。

e. 接通智能检测仪（GTS），选择"Utility"，再选择"Torque Sensor Adjustment"。

③注意事项：

a. 校正前保证开始校准前无故障码存在,否则要先清除故障码再校准。
b. 将转向盘置于中心位置,并将前车轮对准正前方。
c. 不要快速转动转向盘。
d. 扭矩传感器零点校准过程中不要碰触转向盘。
e. 零点校准完成后,确保没有故障码输出,校准完成。

三、评价反馈

1. 使用(维修)案例分析

故障现象:一辆2006款锐志乘用车,在行驶过程中发现转向异常沉重,同时P/S灯点亮。

故障诊断与排除:读取故障代码为C1525、C1526、C1528。其含义是转角传感器初始化未完成以及电动机旋转角度传感器故障。维修资料指出"当出现C1528故障代码时,系统进入失效保护状态,动力转向系统停止工作"。

用丰田专用检测仪IT-II清除故障代码,C1528可以清除,而C1525、C1526始终无法清除。再对转角传感器进行初始化,结果检测仪显示初始化失败,说明电动机旋转角度传感器确实存在故障。在拔下转角传感器接插头时发现其内部有进水的痕迹,线插已覆盖了一层绿色的铜锈,出现电腐蚀现象。清除插头内的水分和铜锈,再用IT-II对电动机转角传感器进行初始化,故障彻底排除。P/S灯不再点亮,转向盘转动轻松灵活。

(1)根据所学知识,解释为什么传感器接插头进水后会导致转向沉重。

(2)根据所学知识,各小组分析导致电控电动转向助力系统转向沉重的可能原因,并在课堂上向其他小组同学陈述自己的观点。

(3)如果你负责该车辆的检修,写出你的检测步骤。

2. 学习自测题

(1)技术员甲说,任何时候只要助力转向系统里的油液被水或其他固体粒子污染,就必须冲洗该系统;技术员乙说,只要助力转向系统里的油液有被烧过的臭味时,就必须冲洗该系统。谁正确?(　　)

　　A. 只有甲正确　　　B. 只有乙正确　　　C. 两人均正确　　　D. 两人均不正确

(2)在助力转向系统的油泵中,哪个部件用于调节叶轮泵对转向机的输油量?(　　)

　　A. 叶片　　　　　　B. 流量控制阀　　　C. 叶轮轴　　　　　D. 进出油口

(3)当讨论助力转向油泵的压力时:技师A说如果压力表阀门关闭时最大泵压正常,但在转向盘打满时压力低于规定值,转向器可能内部漏油;技师B说如果前轮正常充气时,泵压正常,而转向力高于规定值,转向器可能要更换或修理。谁说得对?(　　)

　　A. 只有A对　　　　B. 只有B对　　　　C. 二者都对　　　　D. 二者都不对

(4)电控 EPS 系统是利用直流电动机作为动力源,电子控制单元根据转向参数和车速等信号,控制电动机扭矩的大小和方向。(　　)

  A. 正确   B. 错误

(5)转矩传感器的作用是测量转向盘与转向器之间的相对转矩。(　　)

  A. 正确   B. 错误

(6)不会造成 P/S 警告灯一直亮的原因是(　　)。

  A. 助力转向 ECU 电源电压故障   B. 助力转向 ECU 故障

  C. 前轮定位错误   D. EPS 警告灯电路故障

(7)汽车转向时,转动转向盘感到沉重费力,可能是转向传动机构的(　　)。

  A. 各球销装配过紧或缺油   B. 转向节臂过长

  C. 转向器缺油   D. 前稳定杆变形

(8)转向系统的转向拉杆的球头销与球头座配合过紧会造成(　　)故障。

  A. 转向盘自由转动量过大   B. 自动跑偏

  C. 前轮摆振

3. 维修信息获取练习

根据所学知识和查找相关维修资料,分析助力转向系统出现转向异响的故障原因。

4. 学习目标达成度的自我检查(表4-6)

自我检查表   表4-6

序号	学习目标	达成情况(在相应的选项后打"√")		
		能	不能	如果不能,是什么原因
1	叙述电动助力转向系统的结构和工作原理			
2	说出电动助力转向系统各部件的安装位置			
3	根据客户需求,给出维护转向系统的相关建议			
4	按照给定的维护计划,完成电动转向系统的维护			

5. 日常表现性评价(由小组长或者组内成员进行评价)

(1)工作页填写情况。(　　)

  A. 填写完整   B. 缺失 0~20%   C. 缺失 20%~40%   D. 缺失 40% 以上

(2)工作着装是否规范?(　　)

  A. 穿着校服(工作服)、佩戴胸卡   B. 校服或胸卡缺失一项

  C. 偶尔既不穿校服又不戴胸卡   D. 始终未穿校服、未佩戴胸卡

(3)能否主动参与工作现场的清洁和整理工作?(　　)

  A. 积极主动参与   B. 在组长的要求下,能参与

  C. 在组长的要求下,能参与,但效果差   D. 不愿意参与

(4)操作汽车举升器或起动发动机时,有无进行安全检查并警示其他同学吗?(　　)

  A. 有安全检查和警示   B. 无安全检查,有警示

  C. 有安全检查,无警示   D. 既无安全检查,也无警示

(5)是否达到全勤？（　　）

　　A.全勤　　　　　　　　　　　　B.缺勤 0～20%（有请假）

　　C.缺勤 0～20%（旷课）　　　　　D.缺勤 20% 以上

(6)总体印象评价。（　　）

　　A.非常优秀　　　B.比较优秀　　　C.有待改进　　　D.急需改进

(7)根据表 4-7 的内容进行小组评价，将评价情况填入表中。

学习情况反馈表　　　　　　　　　　　　　　　　　　　　　表 4-7

序号	评价项目	评价情况
1	小组在接到任务之后，是否分工明确	
2	小组同学之间，交流学习内容是否顺畅	
3	遇到难题时，小组能否分工协作	
4	能否通过小组合作完成检修过程	
5	能否保持工作环境的干净整洁	

如果以 12 分为满分，你可以给自己多少分：_____

(8)其他建议：

小组长签名：_____　　　　　_____年_____月_____日

6.教师总体评价

(1)对该同学所在小组整体印象评价。（　　）

　　A.组长负责，组内学习气氛好

　　B.组长能组织组员按要求完成学习任务，个别组员不能达成学习目标

　　C.组内有 30% 以上的学员不能达成学习目标

　　D.组内大部分学员不能达成学习目标

(2)对该同学整体印象评价：

_____

_____

_____

教师签名：_____　　　　　_____年_____月_____日

学习拓展

1.电控液压助力转向系统

由于机械液压助力需要大幅消耗发动机动力，所以人们在机械液压助力的基础上进行改进，开发出了更节省能耗的电控液压助力转向系统。这套系统的转向液压助力泵不再由发动机直接驱动，而是由电动机来驱动，并且在之前的基础上加装了电控系统，使得转向辅助力的大小不只与转向角度有关，还与车速相关。机械结构上增加了液压反应装置和液流分配阀，新增的电控系统包括车速传感器、电磁阀、转向控制单元 ECU 等组成，如图 4-12 所示。

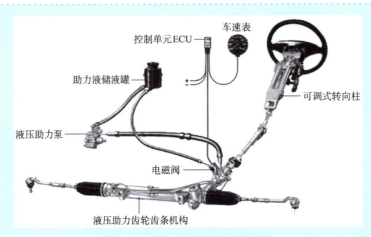

图4-12 电控液压助力转向系统组成

2. 渐进式助力转向机构及其类型

渐进式助力转向机构根据车辆的行驶速度，用助力转向ECU调整转动转向盘的操作力。在车辆低速行驶时，该机构可以减小转向操作力；在车辆高速行驶时，该机构逐渐增大转向操作力，可以取得最佳的操控性能。渐进式助力转向机构可分为四种：电子可变节流孔（EVO）、双流量电子控制（TFE）、速度传感器转向（SSS）和电磁转向（MSVA）。

1) 电子可变节流孔（EVO）机构

EVO机构改变转向作用力的方式是用一个位于助力油泵排油孔处的执行器来调节液压油流量。当车辆静止或车速很低时，EVO机构使液压流量最大，以提供最大助力转向和减少转向作用。当车辆加速时，助力油泵上的可变节流孔关闭，减少泵出的流量，使转向盘的灵敏性降低，增强路感，从而提高高速行驶时的方向稳定性。EVO助力转向机构由助力油泵、油管单向阀，助力转向电磁阀作动器、助力转向控制模块、转向盘车速传感器组成，如图4-13所示。

2) 双流量电子控制（TFE）机构

TFE是EVO机构的简化，它们的部件和工作原理是相同的。同EVO一样，高速行驶时TFE自动降低助力转向作用力，在低速时则提供最大助力转向输出。两种机构的区别在于它们所提供的转向作用力的变化范围不同。EVO机构提供的转向输出范围是无级的。如图4-14所示，TFE机构只提供两挡：全助力转向和预置的低水平助力转向。

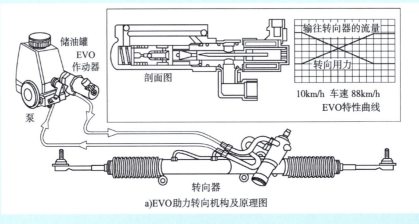

a) EVO助力转向机构及原理图

图 4-13

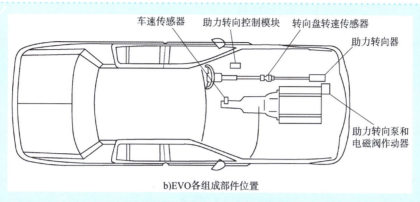

b) EVO各组成部件位置

图4-13 EVO助力转向机构

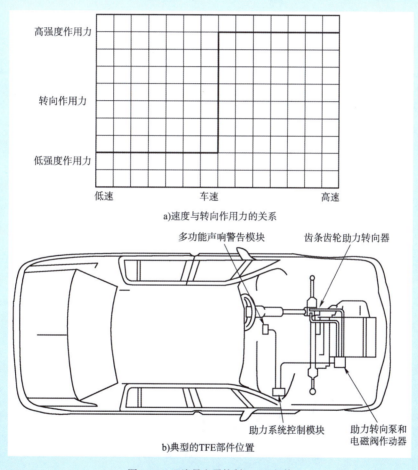

图4-14 双流量电子控制(TFE)机构

3) 速度传感器转向(SSS)机构

速度传感器转向(SSS)机构由两部分构成:SSS电磁阀和RSS控制模块。这里只简要介绍RSS机构控制模块工作过程,该模块负责监视车辆速度。如图4-15所示,当速度增加时,转向器电磁阀将液压油传递到转向器阀的一个专用腔内,随着流入腔内的液压油的增多,环绕滑阀杆周围的四个活塞受到越来越大的压力。当活塞承受压力推挤滑阀杆时,转向作用力增加。

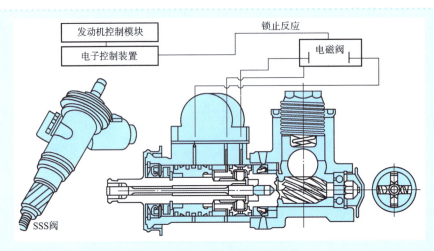

图 4-15　速度传感器转向(SSS)机构

4) 磁力可变助力转向(MSVA)机构

磁力可变助力转向机构是一个依靠转向器进行操作的机构(与 SSS 一样),转向作用力的控制是通过该机构的扭力杆回复力及旋转润滑部分来实现(EVO 和 TFE 都是通过泵实现操作的机构)。磁力可变助力转向机构利用辅助电磁圈在转向器内形成可变扭矩率。流经线圈的电流大小和方向取决于车速,由车载控制装置调节。上海别克世纪轿车的助力转向系统采用可变助力转向机构。

如图 4-16 所示,磁力可变助力转向机构包括电磁转向阀、电磁转向模块和助力系统控制模块等。

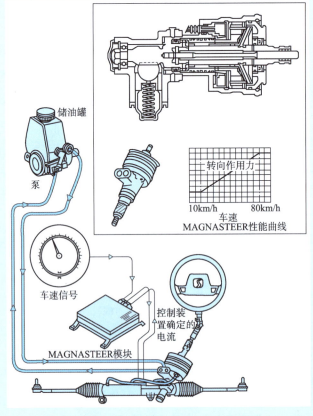

图 4-16　磁力可变助力转向(MSVA)机构

3. 动态驾驶控制系统

装配有动态驾驶控制(ESP)系统的汽车可以避免在汽车在急速转向时发生侧滑、失去方向控制等现象的发生。

图4-17所示为ESP系统的构成。简单地说,动态驾驶控制系统是一个防滑系统。ESP系统能够识别车辆不稳定状态,并通过对制动系统、发动机管理系统和变速器管理系统实施控制来有针对性地弥补车辆滑动。

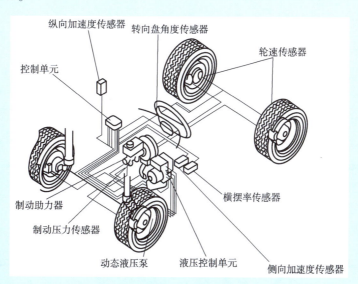

图4-17　ESP系统的构成

ESP系统在对危急驾驶情况做出反应前,必须获得2个问题的应答,如图4-18所示。

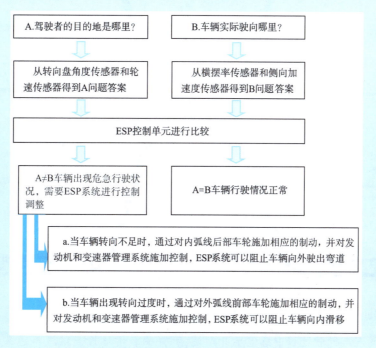

图4-18　ESP系统在应对危急驾驶前应获得的信息

学习任务 5　悬架的检查与维修

学习目标

完成本学习任务后,你应当能:
1. 叙述悬架的功能、结构、类型和工作原理;
2. 识别悬架的组成和特点;
3. 参考给定的工作计划进行小组讨论,并给出建议;
4. 根据讨论结果,结合给定的工作计划,检修悬架零部件;
5. 对检修后的质量进行检验。

建议完成本学习任务为 16 学时

内容结构

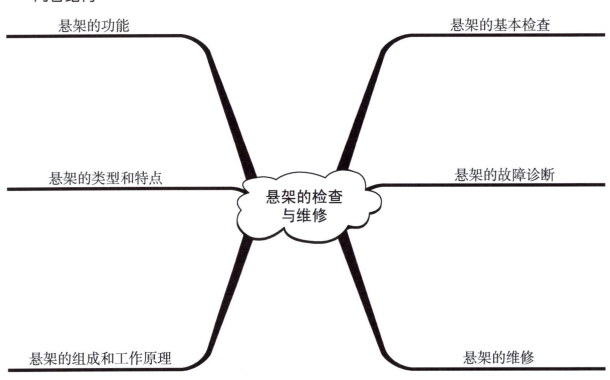

 学习任务描述

某顾客反映他的汽车行驶过程中感觉车身颠簸,有异响。请你检查该汽车悬架的工作情况,确诊损坏的元件,并按技术要求进行维修。

道路上行驶的轿车、载货汽车及其他车辆都有悬架。悬架性能的好坏,对汽车行驶的安全性和舒适性具有至关重要的作用。刚性悬架或没有悬架的汽车,在轮胎接触路面时会出现弹起的现象,即使轮胎离开路面只有几分之一秒的时间,也可能导致汽车失去控制。

一、学习准备

1. 汽车悬架在汽车上的安装位置在哪里?有什么作用?

1)悬架的安装位置

悬架在车上的位置,如图5-1所示。

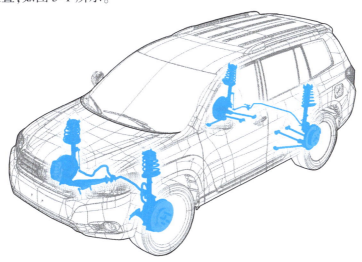

图5-1 悬架在车上的位置

2)悬架的作用

悬架装置是置于车轮之上,借助弹簧使车身浮动的装置。它是由很多弹性元件构成的可动装置,如图5-2所示。

悬架的主要作用有四个:

(1)连接_____和车轮,并以适当的刚性支撑车轮。

(2)吸收来自路面的_____,改善乘坐舒适性。

(3)传递因路面和车轮之间的摩擦产生的_____和制动力至底盘和车身。

(4)稳定行驶中的车身姿势,改善操纵性。

图5-2 悬架的作用

2. 汽车悬架由什么组成?

悬架主要由_____、_____和导向装置三大装置组成,如图5-3所示。主要包括1_____、2_____、3_____、4后减振器、5后弹簧、6后车桥、7后悬架臂、8_____等构件。

1)弹性元件

弹性元件指的是弹簧,有金属弹簧和非金属弹簧之分。

77

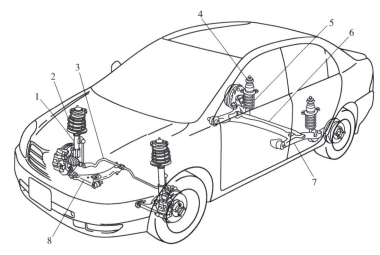

图 5-3　悬架组成部件

常见的金属弹簧有 1 _____ 弹簧、2 _____ 弹簧和扭杆弹簧三种类型,如图 5-4 所示。

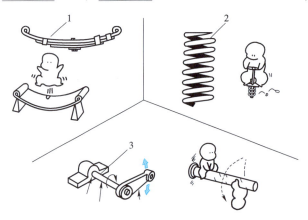

图 5-4　金属弹性元件的类型

非金属弹簧有橡胶弹簧和_____等。

无论哪种类型的弹簧,它们都是用来减缓、中和来自路面的冲击,改进乘坐的_____性能。

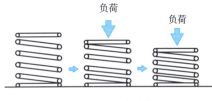

图 5-5　螺旋弹簧

（1）螺旋弹簧。

螺旋弹簧是由特殊的圆形_____缠绕成螺旋结构,如图 5-5 所示。弹簧的抗扭强度可以用来吸收振动和冲击。

螺旋弹簧具有以下优点：

①高效吸收路面冲击产生的垂直力；

②加工和安装方便,价格低廉；

③体积小、质量小,可以满足车辆对空间的苛刻要求；

④提供柔软舒适的驾乘感受。

但是螺旋弹簧不能吸收横向能量,因此还需要其他的辅助机构。

（2）钢板弹簧(又叫叶片弹簧)。

钢板弹簧除了弹簧功能外,还可看作支持车桥的臂。其优点是持久耐用,但由于其质量大、结构厚实,故不利于行驶的舒适性。因而除了_____(轿车/载货汽车)之外,许多独立式悬架车辆使用钢板弹簧。钢板弹簧的安装位置如图 5-6 所示。

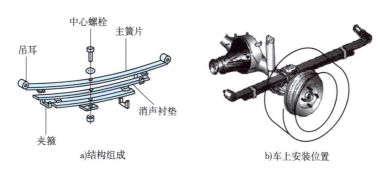

图 5-6　钢板弹簧结构和安装位置

> **学习拓展**

除了螺旋弹簧和钢板弹簧外,还有以下几种常见的弹性元件。

1. 扭杆弹簧

扭杆弹簧是由高弹性的弹簧钢加工成的一条钢杆,如图 5-7 所示。扭杆弹簧安装在车辆上时,其一端固定在车辆的固定部分,以限制其扭转能力;另一端连接到车辆的悬架控制臂上,可以自由扭转。

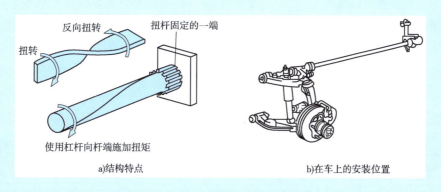

图 5-7　扭杆弹簧结构特点和安装位置

扭杆弹簧可节省纵向空间,适用于小型车及厢式车的悬架。扭力杆扭曲角变大,弹簧刚度急剧变大,不利于乘坐舒适。

轿车里面常见的弹性元件通常采用什么类型的弹簧?为什么?

_____

2. 空气弹簧

空气弹簧是指利用压缩空气弹性的一种柔性弹簧,取代金属弹簧,如图 5-8 所示。空气弹簧利用压缩空气产生的弹性来缓冲车辆行驶过程中的小振动,通常用在电控悬架上,因为电脑可以根据行驶条件改变空气压力和体积。空气弹簧的柔软性和长度(车身高度)可以改变。

空气弹簧具有什么优点?

_____

_____

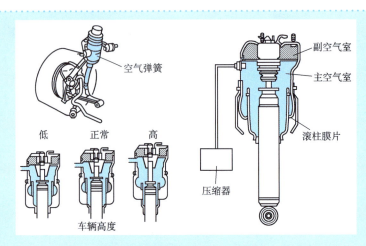

图 5-8　空气弹簧的结构和安装位置

2）减振器

减振器是通过限制弹簧的振动来改善车辆乘坐舒适度的部件。

当车轮受到来自路面的冲击时,弹簧变形可以减缓冲击。然而,垂直方向的振动要持续一段时间,直到恢复初始状态。减振器可以吸收_____,改善乘坐_____,并且避免弹簧反复变形而疲劳。这样,它能够延长弹簧的_____。

图 5-9 所示为不带减振器的弹簧与带减振器的弹簧的振动情况:没有减振器,振动持续_____时间(很长/很短);有减振器的,振动能够在_____(很长/很短)时间内被吸收。

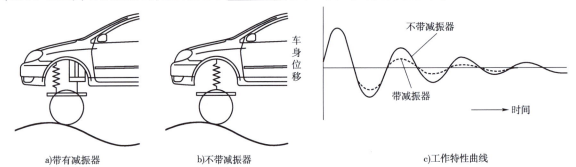

a)带有减振器　　　　b)不带减振器　　　　c)工作特性曲线

图 5-9　减振器安装位置和工作特性

图 5-10 为减振器的安装位置和工作原理示意图。

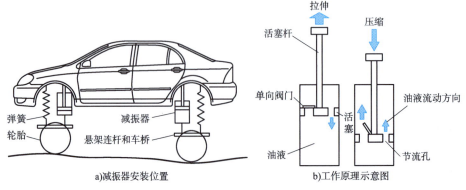

a)减振器安装位置　　　　b)工作原理示意图

图 5-10　减振器安装位置和工作原理

学习任务5　悬架的检查与维修

多数汽车使用的是伸缩筒式减振器。减振器使用专用的减振器油作为工作介质。减振器活塞的拉伸和压缩运动，迫使油液流经节流孔（小孔）产生流动阻力，从而产生减振力。此阻力也称为阻尼力。

另外从图5-10b)所示的结构上可以看出，活塞上设有单向阀门，请分析其有什么作用？

_____

请选择减振器在相关条件下的作用：
(1)迅速衰减由路面传递给车体的振动，用以_____。
(2)使驾乘人员不易疲劳、货物不易损坏，用以_____。
(3)改善轮胎抓地性、抑制高速行驶跳动用以_____。
(4)车辆在急加速、紧急制动、急转弯时_____。

　　A.提高行驶平顺性　　　B.提高使用经济性　　　C.提高乘坐舒适性
　　D.提高行驶安全性　　　E.提高操作稳定性

学习拓展

充气减振器

在新型的轿车上经常会使用充气减振器，通过对减振器内部的油液增压，能够使汽车平稳地通过粗糙路面。

如图5-11所示，当油液通过减振器节流小孔时，高压的氮气产生的稳定缓冲，能够防止气穴的形成，延长减振器的使用寿命。

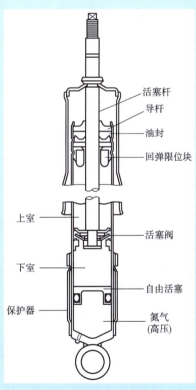

图5-11　充气减振器结构组成

除了充气减振器外，减振器不影响行驶高度。如果车身有一侧下沉，或者在前面或后面有下沉现象，应该检查弹簧，如果有必要须对弹簧进行更换。

3）导向装置

导向装置也称连接机构,其主要包括上臂、_____、上控制臂和_____等连接杆件,如图 5-12 所示。

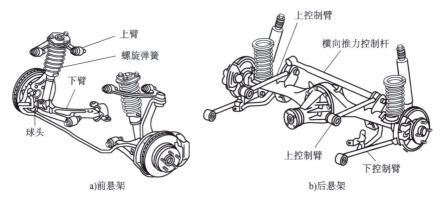

图 5-12　导向装置示意图

通过这些杆件,将弹簧、减振器、稳定杆、车轮和车身等部件连接起来,保持就位的同时,也起到支撑车重及车轮运动、控制车轮纵向和横向运动的作用。

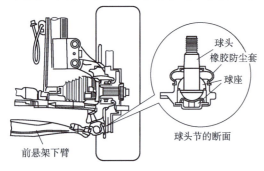

图 5-13　球头节的安装位置和断面结构

4）球头节

在前悬架的上臂和下臂与转向节连接端有球头节,如图 5-13 所示。

球头节短轴的根部为埋入轮毂的球面。该球面部分相当于一个圆滑的球面轴承,球头节轴可以自由地向前后左右倾斜或旋转。球头节连接刚性大,动作灵活。前悬架的转向节必须上下动作和旋转。球头节适用于这种三坐标运动的连接部位,可避免结合部件之间安装位置发生冲突,使悬架系柔顺地工作。

5）横向稳定杆

横向稳定杆或侧倾稳定杆用以防止汽车_____摆动(横向/纵向),如图 5-14 所示。

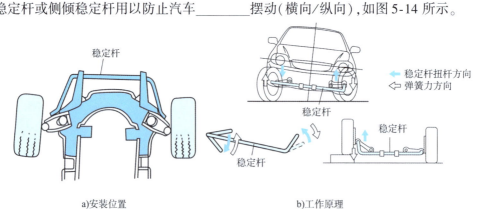

图 5-14　横向稳定杆安装位置和工作原理示意图

横向稳定杆由弹簧钢制成,呈扁平的_____形状。稳定杆具有_____(减少/增加)转弯时车身倾斜的作用,主要用于_____(前轮/后轮),有时也用于_____(前轮/后轮)。中间部位利用橡胶衬套安装在车身上,两端固定于悬架控制臂上。弹性的稳定杆产生扭转内力矩会阻碍悬架弹簧的变形,减少了车身的_____（横向/纵向）倾斜和_____（横向/纵向）振动。

工作原理：如图 5-14b）所示，当汽车倾斜并且轮胎一侧下沉，稳定杆扭曲并像弹簧一样工作，它将下沉一侧的车轮向车身提升。

横向稳定杆结构和工作特性和扭杆弹簧一样，所以横向稳定杆也属于扭杆弹簧。

 3. 汽车悬架有哪些类型？不同的类型各有什么特点？

1）按基本结构分类

按基本结构大致分为由车轴连接左右车轮的_____以及左右车轮可独立动作的_____，如图 5-15 所示。

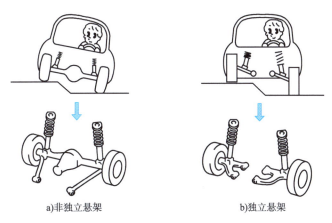

图 5-15　非独立悬架与独立悬架的区别

（1）非独立悬架。

非独立悬架是双车轮连接到单一车桥，而该车轿安装于车身。结构简单、成本低廉、强度高，具有耐久性。但非簧载质量大，左、右轮动作产生干涉，所以不利于乘坐舒适性及操纵稳定性。它主要适用于_____。（轿车/载货汽车）

 小词典

簧载质量：弹簧以上质量，包括弹簧支撑的部件，如车身、发动机和变速器等的总质量。

非簧载质量：弹簧以下质量，包括车轮、轮胎、制动器和车桥等的总质量。

（2）独立悬架。

独立悬架是每个车轮由独立悬架臂支撑，而悬架臂安装于车身。与非独立悬架相比，其结构_____，造价_____。但非簧载质量_____（大/小），车轮对路面的挤压力大，所以在乘坐_____性能和操纵_____性方面，这种悬架装置都十分优秀。

除了性能外，独立悬架在设计上的自由度大，便于根据汽车的性能设计出相应的悬架装置，可以将发动机、底盘和车头设计得很低。为此还具有降低汽车重心，减少汽车造型受约束的效果，如图 5-16 所示。

独立悬架主要用于_____（轿车/载货汽车）。

图 5-16　独立悬架的特性

独立悬架常见的类型主要有如图5-17所示几种类型,其中麦弗逊悬架在中级以下轿车上被广泛应用。

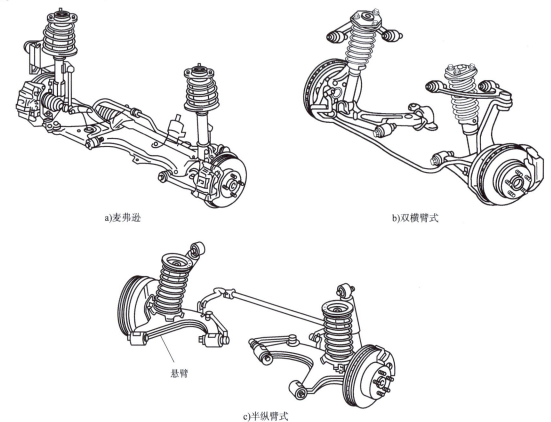

图 5-17 常见独立悬架类型

学习拓展

麦弗逊悬架是悬架的一种类型,其发明者是美国人麦弗逊。在20世纪30年代,通用的雪佛兰公司想设计一种小型汽车,总设计师就是麦弗逊。麦弗逊一改当时盛行的钢板弹簧与扭杆弹簧的前悬架方式,创造性地将减振器和螺旋弹簧组合在一起,装在前轴上。该形式的悬架构造简单,占用空间小,而且操纵性很好。因此,将这种类型的悬架就以麦弗逊来命名。

2)按控制力分类

汽车悬架按控制力分类,又可分为被动悬架、_____和主动悬架三大类。

(1)被动悬架。

绝大多数汽车装有由弹簧和减振器组成的机械式悬架。由于这种常规悬架系统内无_____供给装置,悬架的_____和_____参数不会随外部状态而变化,因而称这种悬架为被动悬架。

(2)半主动悬架。

半主动悬架可视为由_____特性的弹簧和减振器组成的悬架系统,如图5-18所示。虽然它不能随外界的输入进行最优控制和调节,但它可按存储在计算机内部的各种条件下弹簧和减振器的优化参数指令来调节弹簧的刚度和减振器的阻尼状态。半主动悬架又称_____主动悬架。在半主动悬架系统中改变弹簧刚度要比改变阻尼状态困难得多,因此半主动悬架只改变悬架的_____,不改变_____。

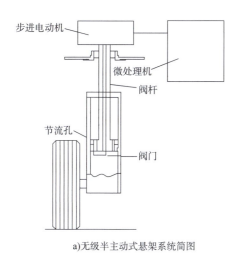
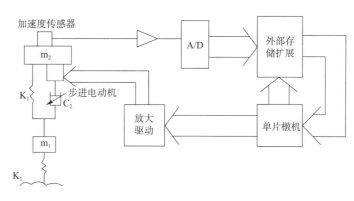

a)无级半主动式悬架系统简图　　　　　　b)无级半主动式悬架系统的控制原理

图 5-18　半主动悬架

（3）主动悬架。

主动悬架是一种具有_____能力的悬架,通常包括产生力和扭矩的主动作用器（油缸、汽缸、伺服电机、电磁铁等）、测量元件（如加速度、位移和力传感器等）和反馈控制器等。因此,主动悬架需要一个_____（液压泵或空气压缩机等）为悬架系统提供连续的动力输入。

3）可调式悬架的分类

可调式悬架就是根据车辆不同的需求状态来对悬架的_____和_____进行调整,从而使车辆处在最佳的形式状态。当下,汽车的可调式悬架按控制类型可分为三大类。

（1）空气式可调悬架。

空气式可调悬架就是指利用空气压缩机形成压缩空气,并通过压缩空气来调节汽车底盘的离地间隙一种悬架方式,如图 5-19 所示。

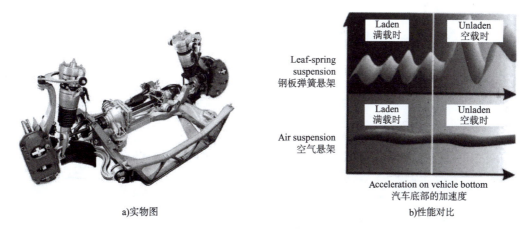

a)实物图　　　　　　　　　　　　　b)性能对比

图 5-19　空气式可调悬架

空气式可调悬架中的空气弹簧的软硬能根据需要自动调节。当在高速行驶时,空气悬架可以自动变_____（软/硬）来提高车身的稳定性,而长时间在低速不平的路面行驶时,行车电脑则会使悬架变_____（软/硬）来提高车辆的舒适性。

空气式可调悬架又可以分为复合式空气悬架、全空气悬架、独立空气悬架、电子控制悬架四种,如图 5-20 所示。

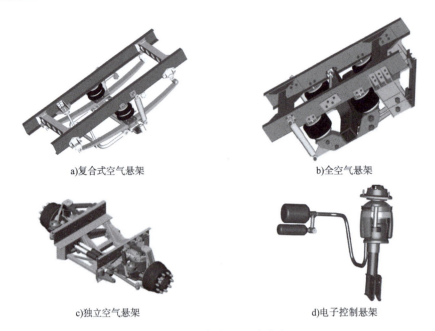

图 5-20 空气式可调悬架分类

> ### 学习拓展

电 控 悬 架

电控悬架(Electronic Modulated Suspension,EMS)能够根据汽车的瞬时驾驶条件自动调节悬架组件的性能,即通过各种传感器对汽车的运行状况进行检测,当ECU收到传感器检测到的转向和制动状况信号后,能起到如下作用:

车身高度控制;_____刚度控制;_____减振力控制。

电控悬架功能参考图 5-21 所示,可以看出车辆在不同行驶条件下有相应的问题出现。

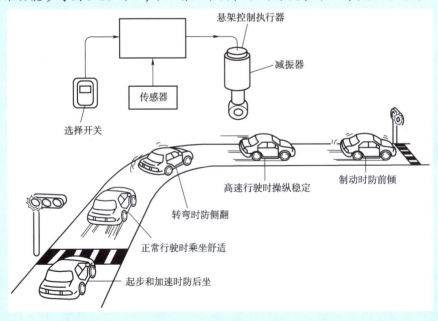

图 5-21 电控悬架功能

因此,弹簧刚度和减振器阻尼力控制应根据实际情况做出调节,如表5-1所示。

电控悬架调节情况　　　　　　　　　　　表5-1

行驶情况	控制状态	功　能
倾斜路面	弹簧变硬	抑制侧倾、改善操纵性
不平路面	弹簧变硬或阻尼力中等	抑制汽车上下跳动,改善行驶时乘坐舒适性
制动时	弹簧变硬	抑制汽车制动前倾(点头)
加速时	弹簧变硬	抑制汽车加速后坐
高速时	弹簧变硬和阻尼力中等	改善汽车高速行驶稳定性和操纵性

1)组成

如图5-22所示,电控悬架(EMS)主要由传感器、执行器和悬架ECU组成。

传感器主要有_____

_____。

执行器主要有_____

_____。

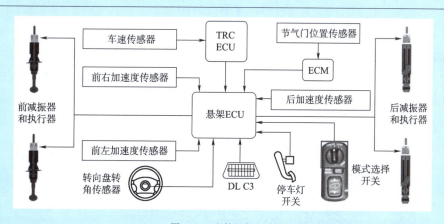

图5-22　电控悬架组成

组成部件在车身的安装位置如图5-23所示。

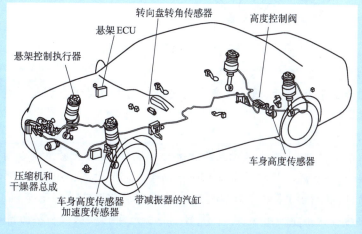

图5-23　电控悬架传感器、ECU和执行器的位置

2) 工作原理

利用传感器(包括开关)检测汽车行驶时路面的状况和车身的状态,输入 ECU 后进行处理,然后通过驱动电路控制悬架的执行器动作,完成悬架特性参数的调整。

(1) 车身高度调节。

通过改变空气弹簧的充气压力方式调节车身高度,如图 5-24 所示。

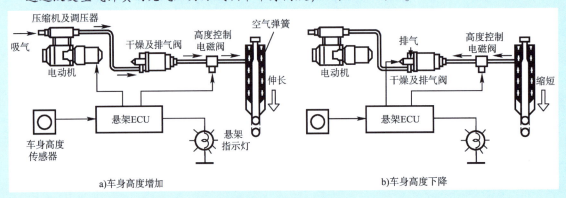

图 5-24 车身高度控制原理

通过车身高度调节可满足不论负荷多少,汽车高度均为一定值的性能。在不良路面上行驶时,使车身高度增加;在高速行驶时,使车身高度下降。

高度控制开关如图 5-25 所示,其作用可以人为选择运行模式标准(NORM)或高(HIGH)改变车身高度设置。

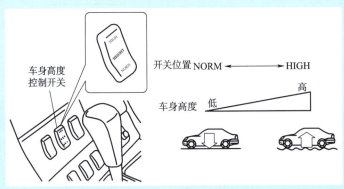

图 5-25 车身高度控制开关

(2) 弹簧刚度调节。

空气弹簧结构如图 5-26 所示,通过改变空气室的空气压力变化来调整弹簧弹性系数,改善乘坐舒适性和操纵稳定性。

(3) 减振器阻尼力调节。

调整减振器阻尼系数,防止汽车起步或急加速时车尾后坐;防止紧急制动时车头下沉;防止急转弯时车身横向摇动;防止汽车换挡时车身纵向摇动等。调节方式如图 5-27 所示。

通过直流电动机(执行器)带动减振器转阀的位置的变化改变减振器节流孔的大小来改变阻尼力,通常有软、硬两种状态。如图 5-28 所示,可以根据汽车行驶状况和路面情况选择运行模式标准(NORM)或运动(SPORT),从而决定减振器的阻尼力大小。

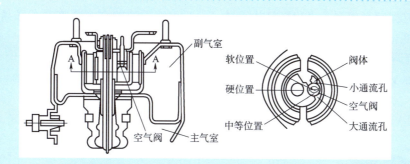

图 5-26　弹簧刚度可调的空气弹簧

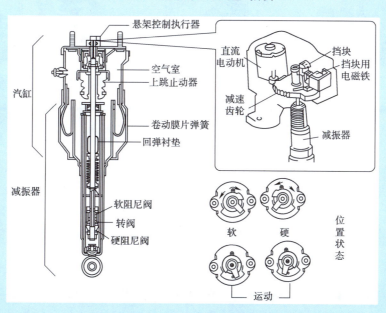

图 5-27　减振器阻尼调节机构

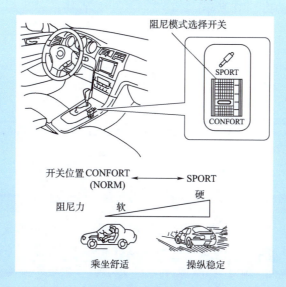

图 5-28　阻尼模式开关

（2）液压式可调悬架。

液压式可调悬架就是根据车速和路况并通过_____液压油的方式调整汽车底盘的离地间隙来实现车身高度升降变化的一种悬架方式，如图5-29所示。

（3）电磁式可调悬架。

电磁式可调悬架就是指利用_____反应来实现汽车底盘的高度升降变化的一种悬架方式，如图5-30所示。

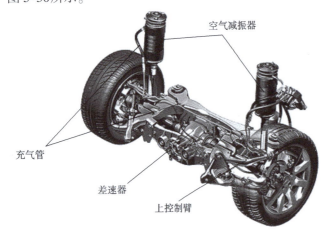

图5-29　液压式可调悬架　　　　　　　　　　　图5-30　电磁式可调悬架

电磁悬架系统是由_____、车轮位移传感器、电磁液压杆和_____组成。在每个车轮和车身连接处都有一个_____，传感器与行车电脑相连，行车电脑又与电磁液压杆和直筒减振器相连。

它的反应速度比传统的悬架快5倍，即使是在最颠簸的路面，也能保证车辆平稳行驶。

学习拓展

磁流变式减振器——减振器阻尼力调节新技术应用

磁流变式减振器利用其内部工作液的性质来工作，它可以通过流过电磁线圈上的电流来快速改变磁流变液体的黏度，如图5-31所示。

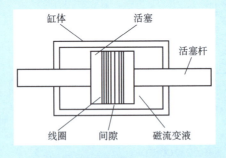

图5-31　磁流变式减振器结构

工作原理：

当活塞与缸体发生相对运动时，则会挤压油缸中的磁流变液，使其通过位于活塞的与缸体的间隙流向另一侧。当电流通过线圈产生磁场后，则其中的磁流变液固化，变为黏塑性体，使活塞与缸体相对运动的阻尼力增大。通过调节线圈的电流大小调节磁场的强度，从而可以调节减振器的阻尼力的大小。

二、计划与实施

如果驾驶员在车辆行驶过程中感觉车身颠簸并能听到底盘传来噪声时,说明悬架需进行检修。维修技术人员可通过维修前的道路测试和车辆静态目测的方式分辨故障部位并加以排除。

  4. 为保证计划实施的准确性,实施前对车辆信息进行检查、登记和核实,请将表 5-2 填写完整。

信息记录表   表 5-2

项 目	内 容
生产年份	
车型	
行驶里程(km)	
悬架类型	
主要工具	常用工具、轮胎气压表、扒胎机和车轮动平衡仪
参考资料	维修手册和参考书
其他要求	统一穿着保护性衣物

  5. 汽车悬架出现故障如何进行检查,对悬架实施检修步骤是什么?

悬架主要检修步骤(本任务中以目前使用较为普遍的麦弗逊滑柱悬架为例)包括:道路测试检查;车辆停放目测检查;悬架的拆卸与安装;维修后的测试。

1)道路测试检查

结合客户反映,通过不同的路况(平直和崎岖不平道路)和不同的行驶状态(转弯、加速、减速等)确定什么时间和什么位置发生噪声或故障。

 小提示

通过道路测试,再结合查看悬架部件之间接触的刮伤或生锈部位,基本就能检查出损坏的零部件。

2)车辆停放目测检查

车辆停放在维修工位,通过转动转向盘或晃动悬架部件的方式仔细看和听,从而确定故障部位。应仔细检查所有悬架零部件磨损或损坏的迹象。

进行悬架就车测试;如图 5-32 所示。摇动车辆,反复 3~4 次,每次推力应相同,在摇动和回弹时,注意支柱的阻力,注意车身回弹的次数。比较左右两侧的回弹次数,两者应该相等。如支柱(减振器)正常,只要一松手回弹 1~2 次后,车身立即停止。

你所检验的汽车向上回弹量有多少次?

左前方_____次;右前方_____次;左后方_____次;右后方_____次。

通过上面的测试结果你是判定的结论是:_____

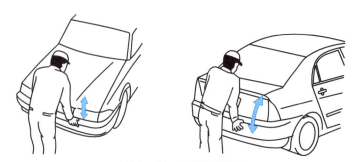

通过摇动,进行减振器跳振测试

图 5-32　悬架就车测试

(1)前悬架目测检查。

前悬架结构如图 5-33 所示。

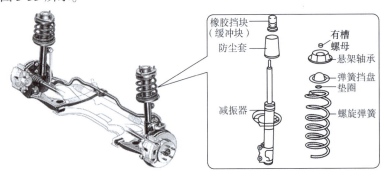

图 5-33　前悬架结构示意图

①减振器和螺旋弹簧外观检查,如图 5-34 所示。

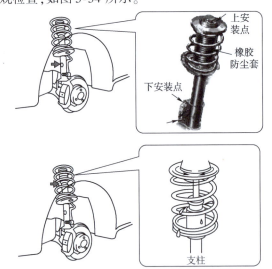

图 5-34　减振器和螺旋弹簧外观检查

结合图 5-33、图 5-34,请按检查的部位做出正确的选择:

a. 检查减振器是否渗油或漏油？如果有则必须更换。

　　　　　　　□减振器无漏油　　　　□减振器有渗油　　　　□减振器漏油

b. 检查减振器上下安装点是否有松动。　□上安装支架螺栓无松动　　□上安装支架螺栓松动

　　　　　　　　　　　　　　　　　　　□下安装支架螺栓无松动　　□下安装支架螺栓松动

c. 检查减振器的物理损坏。
　　　　　　　　　□减振器外壳无损伤　　□减振器有弯曲　　□减振器外壳有破损并漏油
d. 检查橡胶防尘套和缓冲块(限位块)工作情况。
　　　　　　　　　　　□橡胶防尘套完好无破损　　　　□橡胶防尘套有破损
　　　　　　　　　　　□缓冲块完好无破损　　　　　　□缓冲块有破损
e. 检查弹簧保护漆层是否腐蚀刮伤有划痕及麻点。
　　　　　　　　　　　□弹簧保护漆正常,无腐蚀刮伤　　□弹簧保护漆腐蚀刮伤,有脱落
f. 检查弹簧座圈上的橡胶垫是否有老化变形和损坏现象。
　　　　　　　　　　　□弹簧座圈橡胶垫正常,无老化变形　□弹簧座圈橡胶垫有老化变形破裂现象

 小提示

维修人员在维修过程中注意不要碰掉弹簧外部的保护漆膜,漆膜破损可能会引起应力增加进而使弹簧失效。

②检查稳定杆铰接头和稳定杆衬套,如图5-35所示。

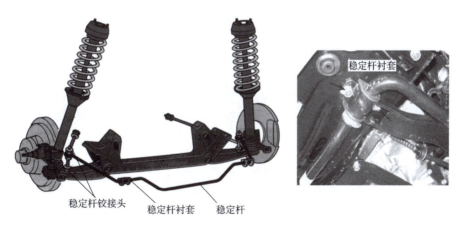

图5-35　稳定杆铰接头和稳定杆衬套检查

当车辆从地面举起后,使得前悬架下降时,稳定杆支承处拉杆是否下拉,是否松动有间隙,衬套是否老化裂痕损坏?

□稳定杆支承处安装牢固　　　　　　□稳定杆支承处拉杆下拉
□稳定杆支承处无松动　　　　　　　□稳定杆支承处松动有间隙
□稳定杆衬套正常无损坏　　　　　　□稳定杆衬套老化裂痕损坏

③检查车身与底盘之间的支架螺栓检查。
检查悬架横梁和中间梁与车身连接螺栓是否有松动。可采用套筒扳手进行检查,如图5-36所示。
□悬架横梁和中间梁与车身连接螺栓连接正常,无松动
□悬架横梁和中间梁与车身连接螺栓有松动

④检查悬架臂橡胶衬套与球头节检查。
a. 检查球节是否过松,如图5-37所示。上、下晃动下悬架臂,并检查球头节,不应有游隙。
□球头节正常,无松动　　　　　　　□球头节松动有游隙

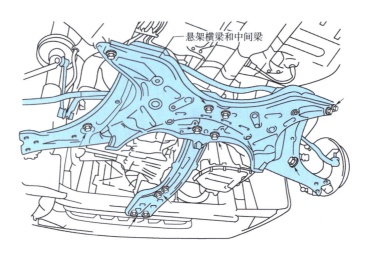

图 5-36　前悬架横梁和中间梁

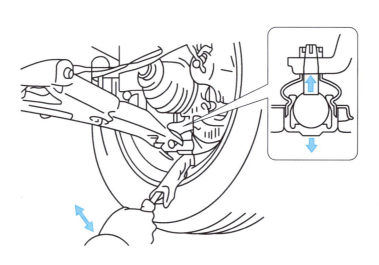

图 5-37　检查球头节是否过松

 小提示

在对下悬架臂球头节检查时,在扳手上垫块布,以免损坏球头节的防尘套。

记录图 5-38 所示的检测部位的检查结果,请按下面要求的检查部位做出正确判断。
b. 检查悬架臂有无裂纹、变形或损坏。
□悬架臂外观正常,无裂纹、变形　　　　　　　□悬架臂有裂纹、变形或损坏
c. 检查悬架臂衬套有无损坏、磨损或变形。
□摆臂衬套正常,无破损、老化和裂纹　　　　　□摆臂衬套有破损、老化和裂纹
d. 检查悬架臂球头销防尘罩有无损坏。
□悬架臂球头销防尘罩正常,无破损　　　　　　□悬架臂球头销防尘罩破损,并漏油
注意:当摆臂和球头销不能分离时,如两者之一有损坏,则摆臂总成应整体进行更换。

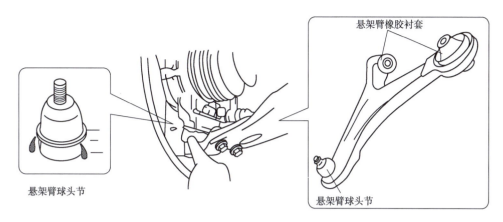

图 5-38 悬架臂橡胶衬套与球头

(2)后悬架目测检查。

后悬架结构如图 5-39 所示。请按下面要求检查的项目做出正确选择。

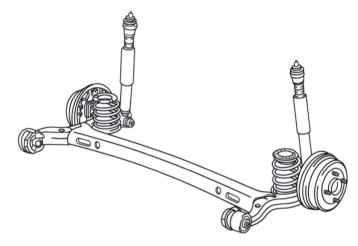

图 5-39 后悬架结构示意图

①检查减振器是否渗油或漏油。如果有,减振器必须更换。
□减振器无漏油　　　　　　□减振器渗油　　　　　　□减振器漏油
②检查减振器上下安装点是否有松动。
□上安装支架螺栓无松动　　　　　　　　　　□上安装支架螺栓松动
□下安装支架螺栓无松动　　　　　　　　　　□下安装支架螺栓松动
③检查减振器的物理损坏,检查是否弯曲、凹进很深或刺破。
□减振器外壳无损伤　　　□减振器有弯曲　　　□减振器外壳有破损并漏油
④检查橡胶防尘套和缓冲块(限位块)工作情况。
□橡胶防尘套完好无破损　　　　　　　　　　□橡胶防尘套有破损
□缓冲块完好无破损　　　　　　　　　　　　□缓冲块破损
⑤检查弹簧保护漆层是否腐蚀、刮伤、有划痕及麻点。
□弹簧保护漆正常,无腐蚀刮伤　　　　　　　□弹簧保护漆腐蚀刮伤有脱落
⑥检查弹簧座圈上的橡胶垫是否有老化、变形和损坏现象。
□弹簧座圈橡胶垫正常,无老化变形　　　　　□弹簧座圈橡胶垫老化、变形、破裂现象

⑦检查后悬架车桥铰接处支架,如图 5-40 所示。

□橡胶座安装正常,无松动损坏　　　□橡胶座出现裂纹　　　□橡胶座位置松旷

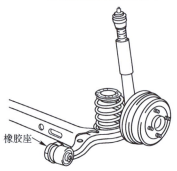

图 5-40　后悬架安装支座

6. 如何规范地进行悬架部件的拆卸与安装?如何对拆卸部件进行功能的检查?请查找参考资料进行填空或回答问题。

通过上面的检测确定故障位置需拆卸前、后悬架部件。进行小组讨论并阅读维修手册,了解前后悬架部件拆装的基本顺序。

拆卸前悬架减振器及弹簧总成,更换前减振器和悬架臂以及悬架臂球头节。

(1)升降器顶起车辆,如图 5-41 所示。

图 5-41　顶起车辆

(2)拆卸稳定杆。

①拆下支架与挡板固定螺栓。

②松开稳定杆与车身连接的固定螺母,如图 5-42 所示。

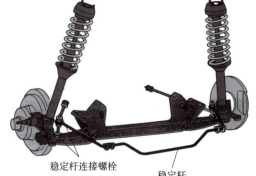

a)稳定杆与车身的固定螺母位置　　　b)稳定杆在车上位置

图 5-42　稳定杆位置示意图

③松开稳定杆与悬架下臂的连接螺栓,并取下稳定杆及胶套。

(3) 拆卸前减振器及弹簧总成。

①拆下车轮。

②拆下固定制动软管的 E 形环,并从托架上拆下制动软管,如图 5-43 所示。

图 5-43　制动软管固定位置

③拆下减振器与车架固定螺栓,如图 5-44 所示。

④拆下减振器与转向节连接螺栓——拆卸前做好左、右标记,以免安装时换错位置,并用布盖上驱动轴护套,以防损伤,如图 5-45 所示。

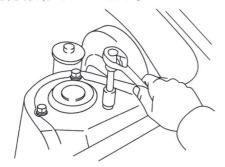

图 5-44　减振器与车架固定螺栓

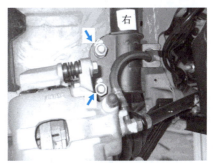

图 5-45　减振器与转向节连接螺栓

如果左、右减振器总成(包含弹簧)两边对换安装,会产生什么后果?

小提示

减振器和螺旋弹簧拆卸前,记下原来的位置,在重新安装减振器时有利于恢复到原来的位置,否则会影响车轮定位的变化,如图 5-46 所示。详细参考学习任务6"四轮定位"。

图 5-46　减振器螺栓记号位置

⑤取下减振器总成。

7. 如何正确使用专用工具对减振器及弹簧总成进行拆装?

1)分解减振器及弹簧总成。
(1)用台钳夹紧减振器,如图5-47所示。
(2)在减振器外壳下部支架上安装一个螺栓和两个螺母,然后用台钳将其夹紧。

小提示

受压缩的螺旋弹簧会储存很多能量,为了避免人身伤害,一定要按维修手册规定的操作步骤操作。绝不要随意拆开悬架的某个部件,这样很可能会使受压的螺旋弹簧上的张力迅速释放出来,造成人身伤害事故。

拆下螺旋弹簧,如图5-48所示。

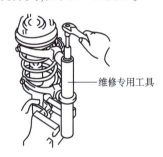
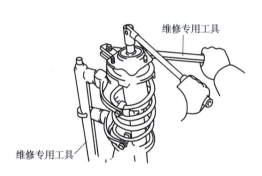

图5-47 专用工具分解减振器及弹簧1　　图5-48 专用工具分解减振器及弹簧2

①用维修专用工具压紧螺旋弹簧。
②用维修专用工具夹住弹簧座,使其不能转动,然后拆下螺母。
③拆下悬架支承、弹簧座、防尘密封圈、弹簧、隔振座和减振垫,如图5-49所示。

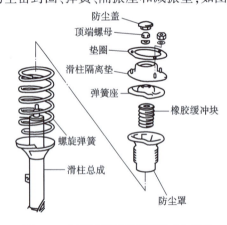

图5-49 前悬架减振器及弹簧总成分解图

(3)检查分解的减振器及弹簧总成,根据检查情况做出相应选择。
①上弹簧座有没有变形。　　　　　　　　　　　　　　□有　　□无
如果有变形,应该如何处理。　　　　　　　　　　　　□继续使用　□更换
②缓冲块有没有破裂。　　　　　　　　　　　　　　　□有　　□无

如果有破裂,应该如何处理。 　　　　　　　　　　□继续使用　　□更换
③弹簧座轴承工作情况。
a.轴承的润滑脂是否变黑。 　　　　　　　　　　　□是　　　　　□否
b.转动轴承是否发响。 　　　　　　　　　　　　　□是　　　　　□否
c.轴承的径向或轴向拉动有没有松动。 　　　　　　□有　　　　　□无
d.轴承如出现上述情况,证明: 　　　　　　　　　□轴承工作正常　□轴承磨损
e.轴承如出现上述情况,应更换新件。
④手工测试减振器性能,如图5-50所示。

减振器可以通过手动压下减振器的下端。上下快速振动减振器,好的减振器通常可以提供一个巨大稳定的抑制力。如果在压力和振动之间,没有这个抑制力存在,则必须更换减振器。你所检验的结果如何？减振器是否可以继续使用？

2)拆卸悬架臂和球头节
悬架臂和球头节位置如图5-51所示。

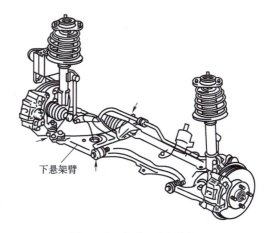

图5-50　手工测试减振器图示　　　　　图5-51　悬架臂和球头节位置

(1)拆下车轮。
(2)拆下稳定杆及胶套总成。
(3)拆下转向节与下摆臂连接螺栓。
(4)取下下悬架臂。
(5)检查悬架臂和球头节,如图5-52所示。

图5-52　悬架臂和球头节的检查示意图

①如果旋转下悬架球头节正常,应该:
□很轻松就能旋转　　　　　□用手转不动　　　□有一定阻力才能转动
②如果旋转很松旷证明: 　　□这是必要的间隙　□球头和球头座磨损严重
③轴向拉动球头节正常情况应该: □有轴向间隙感觉　□没有轴向间隙
④如果能够感觉到有轴向的间隙应如何处理？□继续使用　□更换新球头节
3)前悬架减振器及弹簧总成的安装程序
对照拆卸相反的程序进行安装。

小提示

注意：某些元件可能有安装方向要求；各螺栓在安装后必须紧固到规定力矩。

 8. 如何正确地使用专用工具对后悬架减振器进行拆卸与更换？

（1）拆下减振器与车身连接螺栓，如图 5-53 所示。
（2）拆下减振器。

图 5-53　后减振器位置安装示意图

（3）安装后减振器。

注意：各螺栓在安装后必须紧固到规定力矩。

 9. 维修后的悬架系统需要进行全面的检查与测试。

（1）在维修安装悬架部件后必须对车辆的定位进行检测和调整，使悬架部件恢复正常的安装位置保持车辆的行驶稳定。车轮定位检测请参阅学习任务 6 "四轮定位"部分的内容。
（2）道路测试检查方法与前面介绍方法相同，检查故障现象是否消除？

 10. 通过以上悬架部件检查和维修后，进行竣工前检查，将检查结果填写在表 5-3 中。

竣工前检查记录表　　　　　　　　　　　　　　　　　表 5-3

检查部件和位置	检查结果	检查部件和位置	检查结果
稳定杆铰接头		悬架臂铰接处	
稳定杆固定衬套		悬架臂球头节	
前减振器		后减振器	
前减振器缓冲块		后减振器缓冲块	
前减振器防尘罩		后减振器防尘罩	
前减振器弹簧橡胶垫		后螺旋弹簧	
前螺旋弹簧			

三、评价反馈

1. 使用(维修)案例分析

利用你所学习的知识,分析富康汽车后悬架无弹性的故障。

富康汽车故障现象:神龙富康轿车在行驶20万km后,出现后悬架无弹性故障。维修时认为是后减振器失效,但更换新的原厂减振器后,该故障仍然存在。

(1)故障分析:根据以上情况判定故障不在减振器上,经过仔细观察后发现该车后摆臂上翘,两后轮内倾,呈八字形。分析预判,该故障是由于连接轴失效,摆臂轴承缺少润滑脂而损坏,引起摆臂连接轴上翘,使两后轮呈八字形。同时,摆臂连接轴与后轴管外端相碰而卡死,摆臂不能转动而使后轮失去弹性。拆下后摆臂连接轴进行检查,发现摆臂轴承及连接轴损坏,和预判断吻合。

(2)故障排除:更换摆臂连接轴和轴承后装复,故障现象消失。

(3)维修小结:据笔者维修经验,富康轿车在行驶20万km左右时,会听到摆臂处发出"咯吱、咯吱"的响声,这是因为摆臂轴承缺少润滑摩擦所致。若再行驶一段时间,轴承散架,连接轴磨损,"咯吱"声会消失,后悬架发硬而失去弹性。

(4)想一想:汽车后悬架有哪几种类型?富康汽车的后悬架属于哪种类型?

(5)根据上述故障现象,针对后悬架保养有什么建议?

(6)查阅维修手册,找出后悬架保养应包含哪些内容?

2. 学习自测题

(1)装有电控悬架系统的汽车,在水平路面上高速行驶时(　　　)。
　　A. 车身会变高　　　　B. 车身会变矮　　　　C. 弹簧会变硬

(2)非独立悬架两轮胎的磨损相对(　　　)。
　　A. 较少　　　　　　B. 较多　　　　　　　C. 不变

(3)目前,新型汽车大多采用具有(　　)原理的双筒或单筒式结构的(　　)减振器。
　　A. 双向作用式　液压　　　　　　　B. 液压　双向作用式
　　C. 单向作用式　气压　　　　　　　D. 气压　单向作用式

(4)当讨论减振器的手工检测时,技师A说减振器对运动的阻力是不平稳的,无规律的;技师B说减振器回弹行程的运动阻力可能比压缩行程大。谁说得对?(　　　)
　　A. 只有A对　　　B. 只有B对　　　C. 二者都对　　　D. 二者都不对

(5)当讨论车辆行驶在不平路面,前部车身过度的侧倾时,技师A说这是由老化或损坏的前减振器造成的;技师B说这是由弹性减弱的前簧造成的。谁说得对?(　　　)
　　A. 只有A对　　　B. 只有B对　　　C. 二者都对　　　D. 二者都不对

(6)减振器有漏油现象,技师 A 说减振器可以修补后继续使用,但要经常检查;技师 B 说必须更换减振器。谁说得对?(　　)

　　A.只有 A 对　　　　B.只有 B 对　　　　C.二者都对　　　　D.二者都不对。

(7)如果需要更换冲气式减振器,将拆下的减振器报废之前,A 说,要先在距其气缸底部约 10mm 处钻一个直径为 2~3mm 的小孔,以放出压缩气体;B 说,钻孔时可能有金属碎片飞出。谁说的对?(　　)

　　A.只有 A 对　　　　B.只有 B 对　　　　C.二者都对　　　　D.二者都不对

(8)总结判断减振器是否损坏的方法?

3.维修信息获取练习

(1)查阅维修手册,找出底盘螺栓的紧固要求,并将查找的力矩写到下面空白处。

(2)查阅资料,找出本田系列的思域和雅阁车型、大众系列的途锐车型、一汽丰田系列的皇冠和锐志车型、奥迪 Q7 车型分别采用何种形式的悬挂系统。

4.学习目标达成度的自我检查(表5-4)

自我检查表　　　　　　　　　　　　　　表5-4

序号	学习目标	达成情况(在相应的选项后打"√")		
		能	不能	如果不能,是什么原因
1	叙述悬架的功能和类型			
2	叙述悬架的作用和工作原理			
3	叙述悬架的组成和特点			
4	对给定的工作计划进行小组讨论,并给出建议			
5	按照给定的计划,实施悬架零部件检查			
6	对检修后的质量进行检验			

5.日常表现性评价(由小组长或者组内成员进行评价)

(1)工作页填写情况。(　　)

　　A.填写完整　　　B.缺失 0~20%　　　C.缺失 20%~40%　　　D.缺失 40%以上

(2)工作着装是否规范?(　　)

　　A.穿着校服(工作服)、佩戴胸卡　　　B.校服或胸卡缺失一项

　　C.偶尔既不穿校服又不戴胸卡　　　　D.始终未穿校服、未佩戴胸卡

(3)能主动参与工作现场的清洁和整理工作吗?(　　)

　　A.积极主动参与　　　　　　　　　　B.在组长的要求下能参与

　　C.在组长的要求下能参与,但效果差　　D.不愿意参与

(4)操作汽车举升器或起动发动机时,进行安全检查并警示其他同学了吗?(　　)

　　A.有安全检查和警示　　　　　　　　B.无安全检查,有警示

　　C.有安全检查,无警示　　　　　　　　D.既无安全检查,也无警示

(5)是否达到全勤?(　　)

　　A.全勤　　　　　　　　　　　　　　B.缺勤 0～20%(有请假)

　　C.缺勤 0～20%(旷课)　　　　　　　D.缺勤 20%以上

(6)总体印象评价。(　　)

　　A.非常优秀　　　B.比较优秀　　　　C.有待改进　　　　D.急需改进

(7)根据表 5-5 的内容进行小组评价,将评价情况填入表中。

学习情况反馈表　　　　　　　　　　表 5-5

序号	评价项目	评价情况
1	小组在接到任务之后,是否分工明确	
2	小组同学之间,交流学习内容是否顺畅	
3	遇到难题时,小组能否分工协作	
4	能否通过小组合作完成检修过程	
5	能否保持工作环境的干净整洁	

如果以 12 分为满分,你可以给自己多少分:_____

(8)其他建议:

小组长签名:_____　　　_____年____月____日

6.教师总体评价

(1)对该同学所在小组整体印象评价。(　　)

　　A.组长负责,组内学习气氛好

　　B.组长能组织组员按要求完成学习任务,个别组员不能达成学习目标

　　C.组内有 30% 以上的学员不能达成学习目标

　　D.组内大部分学员不能达成学习目标

(2)对该同学的整体印象评价:

教师签名:_____　　　_____年____月____日

学习任务6　四轮定位

学习目标

完成本学习任务后,你应当能:
1. 叙述四轮定位各参数的定义和作用;
2. 完成四轮定位检测前的准备工作;
3. 利用四轮定位仪检测车轮定位参数;
4. 对车辆行驶状况进行故障分析并作适当的调整和维修;
5. 参考工作计划,独立制订其他车型四轮定位的调整计划。

建议完成本学习任务为16学时

内容结构

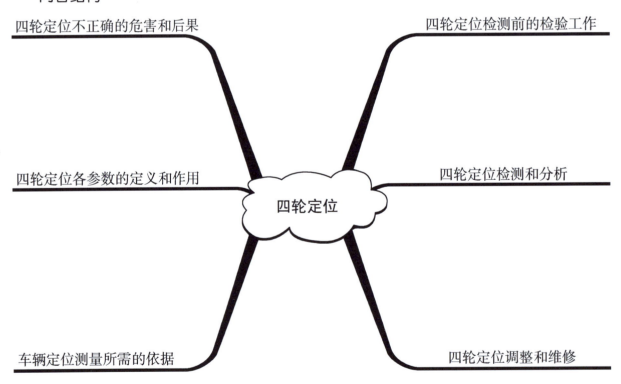

 学习任务描述

某车主反映汽车转弯后,转向盘回位不良,并且在行驶时出现车辆跑偏现象。请你对该车辆进行四轮定位的检测,并按技术要求进行调整和维修。

学习任务6　四轮定位

汽车四轮定位是维修或更换底盘部件后为保持四轮定位各参数正常所采用的一种重要检测手段。另外,车辆出现行驶和操纵不稳定或轮胎不正常磨损时,可通过四轮定位的检测提供诊断信息。四轮定位是否正常会直接影响车辆行驶安全。作为一名汽车维修人员,应该了解四轮定位的含义与作用,并能根据故障现象结合检测的定位数据排除故障。

一、学习准备

 1. 四轮定位不准确对汽车使用性能有哪些影响?

一般来说当车辆发生了如图6-1所示的状况,就表示该车辆的四轮定位参数发生了变化,需要重新校正。

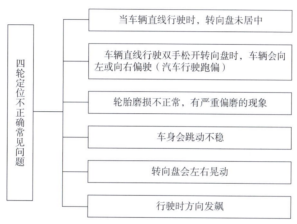

图6-1　四轮定位不正确常见问题

 小词典

跑偏指的是车辆在平直路面以中速直线行驶时,驾驶员松开转向盘,车辆会偏离直线行驶轨迹,偏向左边或者右边行驶的现象。

 2. 四轮定位的参数有哪些?四轮定位对汽车有哪些影响?

1)四轮定位的参数

前轮定位指的是汽车的_____、转向节和前轴三者之间的安装具有一定的相对位置,这种具有一定相对位置的安装叫作转向车轮定位。前轮定位包括主销后倾(角)、_____、_____和前轮前束四个内容。

后轮定位指的是对两个后轮来说也同样存在与后轴之间安装的相对位置。后轮定位包括车轮外倾(角)和_____。

这样前轮定位和后轮定位总起来说叫作_____定位,如图6-2所示。

2)四轮定位作用

四轮定位的作用使汽车保持稳定的直线行驶和转向轻便,并减少汽车在行驶中轮胎和转向机件的磨损。也就是说,如果四轮定位不良会出现以下问题:

105

(1)安全性影响:_____行驶时的不稳定及_____转弯时的中心位移(高速/低速)。
(2)零件加速磨损:颤动及摇动容易使车辆零件磨损,拖拽现象会造成轮胎快速磨损。
(3)操控性不良:转向时方向_____或行驶浮游(沉重/轻便)。
(4)驾驶员疲劳:行驶的不舒适及侧滑。
(5)油耗增加:行驶不顺畅,加大能量损耗。

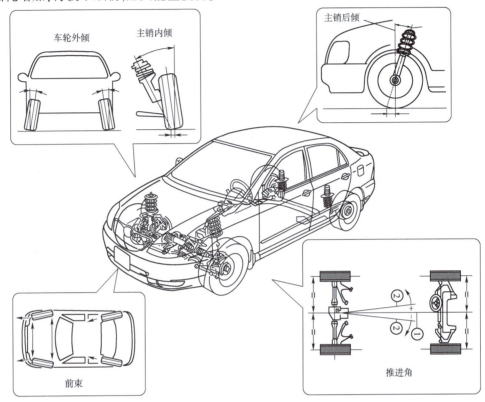

图6-2 四轮定位各参数在车上的位置

3.四轮定位参数各起到什么作用?

1)主销概述

如图6-3所示,悬架上球节或支柱顶端与下球节的连线(转向时车轮围绕其进行转向运动的转向轴线)即主销。日常生活中自行车的前轮叉梁就是典型的例子。

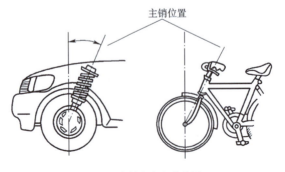

图6-3 主销在车上的位置

> **学习拓展**
>
> 麦弗逊悬架的主销可以近似地看成减振器。除了麦弗逊悬架的主销外,常见的主销还有以下两种类型:
>
> (1)整体式车桥(载货汽车)的主销,如图6-4a)所示。
>
> 此类主销通常是一根直轴,安装在前桥两端的销孔上,轮胎在转向节的带动下绕着主销在销孔上来回摆动实现车辆转弯。
>
> (2)双摆臂式悬架的主销,如图6-4b)所示。
>
> 此类悬架主销位置是上悬架臂球节与下悬架臂球节的连线,也称为球销中心线。
>
>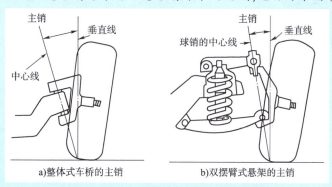
>
> 图6-4 整体式车桥与双摆臂式悬架的主销位置

2)主销后倾角

(1)主销后倾角的定义。

如图6-5所示,从侧面看车轮,减振器支柱顶端与下球节的连线(转向轴线)与经过车轮中心的地面垂直线之间形成的夹角,该角度向_____(前/后)倾斜称之为主销后倾角。通常该角度用希腊字母_____表示。

(2)主销后倾角作用。

车轮的接地点位于转向主销延长线的后端,车轮就会靠行驶中的滚动阻力被向后拉,使车轮的旋转方向自然向行进方向。这样有利于提高直线行驶稳定性。并且由于主销纵倾移距的存在,当车轮处于转向行驶时会产生回正力,使轮胎自动回到直线行驶的位置。

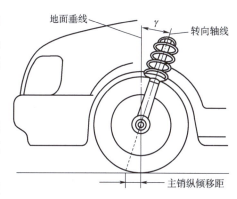

图6-5 主销后倾角的位置

为便于理解后倾角的作用,做一个简单的小试验。用手指尖推动铅笔,铅笔显得摇摇晃晃,而当用手指尖拉动铅笔,铅笔便是直线运动,如图6-6所示。与此原理相同(手指尖是主销,而铅笔的接地点相当于轮胎的垂直线),利用主销后倾角和主销纵倾移距使转向车轮产生直线行驶的效果。

主销后倾角的原理:
拉动铅笔很稳定;
推动铅笔则摇摇晃晃

图6-6 主销后倾角原理

(3)主销后倾角正、负区分。

主销后倾角有正、负之分,主倾后倾角向前倾斜为_____(正值/负值),向后倾斜为_____(正值/负值),如图6-7所示。

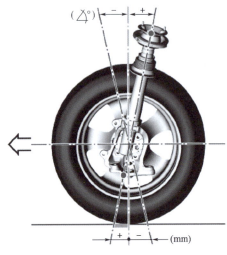

图6-7 主销后倾角正负区别

正的主倾后倾角使车辆重量投放在车辆中心线的后方,在后方产生较大的接触面积,这样使车辆转向后自动趋向于直线行驶位置,并有助于保持直行方向。因此汽车通常使用的后倾角为_____(正值、负值)。

(4)主销后倾角不准对车辆性能有哪些影响?

①后倾角太小对汽车的影响:

汽车在转向后转向盘缺乏自动"回正"力量,车速高时_____。

②后倾角左右不相等影响:

汽车会朝着_____较小的一边偏向行驶。如:将左前轮后倾角设定为+0.5°,右前轮为+1.5°。则这辆汽车向_____(左/右)跑偏。

③主销后倾过大,转向时转向盘感觉很沉,由于路面干扰而加剧车轮的前后颠簸(路面凹凸不平使转向盘产生"打手"现象)。

小提示

当两个后悬架弹簧的弹性减弱或超载时,主销后倾值就会变大,造成转向盘沉重或行驶平顺性差。

如果后悬架的高度超出了规定值时,主销后倾值就会变小甚至变成负值,从而影响汽车行驶方向的稳定性。

3)主销内倾角

(1)主销内倾角的定义。

如图6-8所示,从正前方看车轮,_____与地面垂直线之间形成的夹角称之为主销内倾角。通常该角度用希腊字母β表示,请用红笔在图6-8中把主销内倾角描绘出来。

(2)主销内倾角的作用。

如图6-9所示,在以有角度的主销轴为中心转向,从直线行驶状态变成为转向时,单侧车轮位置就会下降(实际上是由于反作用力使单侧车身升高)。使单侧车身抬起的力就形成了使车轮恢复直线行驶的力(回正力)。主销内倾的回正作用是通过车身重力来实现的。

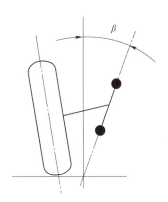

图6-8 主销内倾角位置

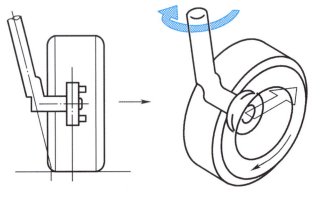

图6-9 主销内倾角作用

汽车直行时汽车的重心是最低的,这样当完成转向后,转向盘回正时,在汽车重力的作用下,使行驶方向更容易回正,使车轮回到直行位置。

在行车过程中转向后,当松开转向盘后,转向盘有自动复位的功能。此功能是由哪些定位参数决定的?

如果车辆的主销内倾角为零时,车辆会出现什么状况?

4)车轮外倾角

如图 6-10 所示,从正前方看车轮,车轮的纵向中心线与＿＿＿＿＿＿形成的夹角称之为车轮外倾角。通常该角度用希腊字母＿＿＿＿表示,请用红笔在图 6-10 中把车轮外倾角描绘出来。

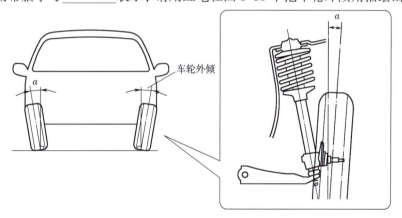

图 6-10　车轮外倾角位置

(1)车轮外倾角的作用。

如图 6-11 所示,当车轮顶部向车外侧偏移时为正值,反之为负值。

在载重汽车中,使用的是＿＿＿＿外倾角以便改善前桥的耐用性并使轮胎与路面成直角接触,防止因道路中间比两边高而造成的轮胎不均匀磨损。

图 6-11　拱形路面

现代轿车的悬架和车桥都比过去的汽车要强而有力,并且路面也平坦。为了改善车辆在转弯时避免车身过分倾斜,所以使用＿＿＿＿外倾角,如图 6-12 所示。

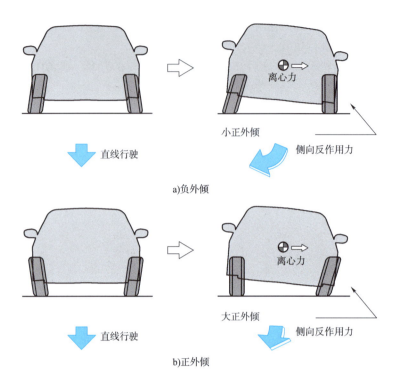

图 6-12 车轮外倾角作用

（2）车轮外倾角常见问题。

车轮外倾角不正确会使车辆跑偏和轮胎单边不正常磨损，如图 6-13 所示。

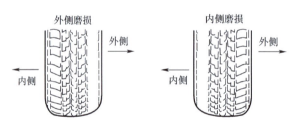

图 6-13 车轮外倾角不正常引起的轮胎磨损

①轮胎外侧磨损原因是_____。
②轮胎内侧磨损的原因是_____。
③左右两车轮外倾角不相等时，汽车会朝着正外倾角较大的一边偏向行驶。
例如：左前轮外倾角是 +1°，而右轮为 -0.5°。则这辆汽车向_____（左/右）跑偏。

小提示

外倾角是四轮定位中很重要的参数之一，不正确的外倾主要影响轮胎偏磨和跑偏，其中，对跑偏的影响更大一些。

主销内倾（转向轴线内倾）是用于检查弯曲或损坏零件，而不是维修调整。如果车轮外倾不在限制范围之内，并且主销内倾是正确的，那么转向节可能弯曲了。如果车轮外倾和转向轴线内倾都不正确，并且数值相近，则下悬架臂弯曲了。

5）前束

（1）前束的定义。

如图6-14所示，从车顶俯视看车轮，从转向节高度处测量轮胎前缘内侧之间的距离与后缘内侧之间的距离差，称之为前束。当后缘大于前缘时，为_____，反之为_____。（正值/负值）

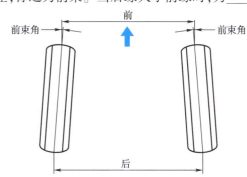
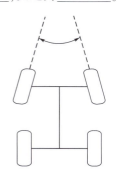

图6-14　前束

（2）前束的作用。

如图6-15所示，前束是为了抵消外倾角的滚动趋势，使车轮保持直行方向，从而减少轮胎磨损。

正的车轮外倾角采用正的前束，而有些车的前轮外倾角接近于零甚至为负值，因此车轮的前束值也采用_____。

（3）前束的常见问题。

前束是影响车轮磨损的重要参数，如图6-16所示。

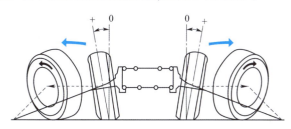

图6-15　车轮外倾角与前束综合作用的结果　　　图6-16　前束引起的典型轮胎磨损

① 如果正前束过大，轮胎的外缘产生_____磨损。
② 如果负前束过大，轮胎的内缘产生_____磨损。
③ 前束不正确时，还会出现转向盘漂浮不定的现象。

学习拓展

推进线和推进角

推进线指的是车辆后轮总前束的夹角平分线，如图6-17所示。

推进角指的是_____与推进线之间形成的夹角。

1. 推进角

当汽车直线行驶时，推进线才是汽车真正行进的方向，假使推进线无法与汽车几何中心线重合，驾驶员必须操纵转向盘使汽车直线行驶，于是转向盘呈偏斜的状态。

推进角通常是接近0°，可以通过调整后轮的个别前束来调整推进角。在现代车辆中一部分高级轿车后轮是可以调整的。一部分车辆上通常后车轴都是固定的或不可调的独立式后悬架，这样就要检查磨损或损坏的零件，包括后轴、磨损的后弹簧座以及后控制臂轴套磨损造成的后轮移动。

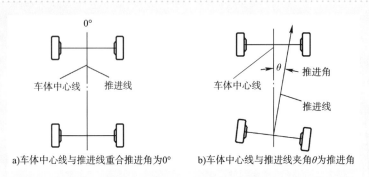

图 6-17 推进线与推进角示意图

一般前轮前束是根据车体中心线为基线的前束角,如果前轮前束从后轮推进线为基准调整称为推进线定位。现代的电脑四轮定位机都是从推进线为基准的,其推进线应该和车体中心线相同。

如果后轮前束是标准的其实际行驶方向(推进线)应该和车体中心相同。

如果后轮前束不标准并且无法调到标准则其后轮的实际行驶方向(推进线)和车体中心线不重合形成夹角造成汽车偏行。

2. 推进角过大产生的原因

(1)后桥轴线与前桥轴线不平行。

①后桥弹簧座磨损,后桥下悬臂胶套损坏。

②整体式后桥胶套损坏。

(2)两后轮的单独前束不一致。

3. 后轮推力角变大会对汽车产生的影响

(1)轮胎磨损。

(2)前轮定位失准。

(3)汽车偏向行驶。

(4)车身歪斜的直行。

(5)转向盘偏斜。

四轮定位不正确时汽车会出现转向盘发抖、轮胎异常磨损。四轮定位常见故障见表6-1,请想一想,如何排除?

四轮定位的常见故障　　　　　　　　　　　　　　　　　　　　　表6-1

车轮定位存在的问题	后　果	车轮定位存在的问题	后　果
车轮外倾角不正确	1. 轮胎磨损 2. 车轮轴承磨损 3. 车辆跑偏	主销内倾角不正确	1. 行驶不稳定 2. 回正力矩不当 3. 向内倾角小的一侧偏行 4. 转向困难
左右主销后倾角不等	车辆跑偏	前束值不正确	轮胎磨损
主销后倾过大	1. 转向困难 2. 路面冲击力大 3. 车轮摆振	转弯半径不正确	1. 轮胎磨损 2. 转向时轮胎有噪声
主销前倾过大	1. 行驶方向游移 2. 前轮晃动 3. 高速时行驶不稳定		

二、计划与实施

如果汽车轮胎、转向系统、悬架出现问题、可能导致转向盘复位不良以及在行驶时出现车辆跑偏故障。同时四轮定位检测的数据是否合格也是检验轮胎、转向系统以及悬架工作是否正常的判断依据。

 4. 为保证计划实施的准确性,实施前对车辆信息进行检查、登记和核实。请将表 6-2 填写完整。

信 息 记 录 表　　　　表 6-2

项　目	内　容
生产年份	
车型	
行驶里程	
车辆 VIN 码	
轮胎、轮辋型号	
转向系统类型	
悬架类型	
牌照	

 5. 在教师的指导下,参考使用手册或相关资料进行四轮定位的维护工作。

1) 四轮定位检测调整实施检修步骤

四轮定位主要步骤是:定位前准备工作—安装卡具和定位仪—测量与调整—四轮定位后的检验。

2) 定位前准备工作

通过参考学习资料,针对下面任务要求,补充填写完整、选择正确答案。

对车辆的底盘技术状况进行检查。

(1) 停置车辆。

① 车辆应停置在：　　　　　　　　　　　　□地面　　　□专用检测平台
② 转向盘必须是：　　　　　　　　　　　　□居中放置　□非居中位置
③ 车轮位置呈：　　　　　　　　　　　　　□直线行驶位置　□转向位置
④ 车身状态呈：　　　　　　　　　　　　　□无负载　　□满载
⑤ 分别用力压车身的前部和后部,使车辆的悬挂复位。
⑥ 确认汽车在正常的行驶高度。

📘 **小提示**

四轮定位参数的设定,不同汽车厂商有不同的检测条件。通常欧美车型如奔驰、宝马和雪铁龙等要进行加载(模拟满座的驾驶员、乘客重量及货物),其他车型是在空载状态下进行检测,具体请参阅相关车型维修手册。

(2)检查车轮。
① 轮胎充气压力(标准条件下): □正常 □不正常
② 检测车型的轮胎标准压力是_____。
③ 轮胎是否有明显的不均匀磨损? □是 □否
④ 轮胎尺寸是否有差别? □是 □否
⑤ 轮胎是否做过动平衡试验? □是 □否
⑥ 轮胎是否有偏摆,如图6-18所示? □有 □无

图6-18 轮胎偏摆检查

(3)检查悬架。
车身高度,测量沿通过车轮中心的垂线从轮胎顶部到挡泥板罩边缘的距离算出左右高度差。

□ >15mm □ <15mm

小提示

进行车身高度测量时,不同车型测量点有所不同,详情请参考相应维修手册。

① 螺旋弹簧是否损坏和明显变形? □是 □否
② 减振器是否漏油或损坏? □是 □否
③ 转向横拉杆是否明显变形? □是 □否
④ 转向横拉杆球节是否损坏、松动和间隙过大? □是 □否
⑤ 悬架臂是否明显变形? □是 □否
⑥ 悬架臂球节是否损坏、松动或间隙过大? □是 □否
⑦ 悬架臂铰接处衬套是否损坏、松动或间隙过大? □是 □否
⑧ 针对以上定位前检查和准备工作,如果发现问题应该如何处理?如果忽略以上准备工作,检测的结果会如何?

6. 如何利用定位仪器检测四轮定位?

1) 四轮定位仪的使用方法

描述四轮定位仪的型号:＿＿＿＿＿＿＿＿＿＿＿＿＿＿。

(1) 定位准备。

将车辆开到检测平台时,应保证转角盘和后滑板的销子都装配到位,查阅使用手册,并确保前轮放置在转盘规定位置处,如图6-19所示。

(2) 拉上驻车制动,如果可以,将变速器置于驻车挡。手动变速器置于空挡。在左后轮的前后放上挡块,放置车辆移动。

(3) 反光板及卡具的安装。

反光板和卡具是分开的,根据不同的补偿方式选择反光板不同的安装方式。每个卡具都是相同的,反光板通过上面的编号和图片区分位置。现以右前反光板为例,如图6-20所示。

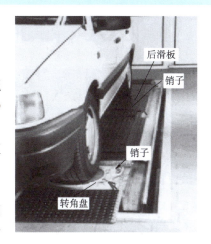

图 6-19 车辆在转角盘和后滑板上停放位置

a) 反光板

b) 卡具

图 6-20 反光板和卡具

卡具上贴有如图6-21所示的标签,反光板上有四个方形孔,使卡具中的标签在方形孔中露出则安装正确。如进行的是快速补偿,则需将反光板"快速补偿""前轮"的孔与轮子序号"1"对正,然后旋紧反光板中心的锁紧旋钮,如图6-22所示。

图 6-21 "1"对正

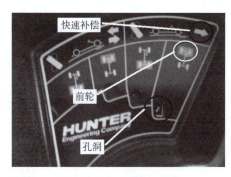

图 6-22 旋紧锁紧螺母

小提示

偏差补偿有三种补偿方法:快速补偿(Quickcomp),滚动补偿和举升补偿。我们常用的方法为快速补偿。快速补偿只需推一次车,因此,标识是一个向前的箭头,如图6-23所示。滚动补偿要先向后推,再向前推;举升补偿要将轮胎先向后转,再向前转,因此,标识是一前一后两个箭头,如图6-24所示。

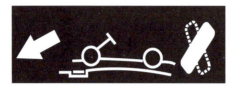 

图6-23　一个向前的箭头　　　　　图6-24　一前一后两个箭头

(4)安装快速卡具。安装时两卡爪位置处于基本水平即可,且目标板无需对准车轮中心,如图6-25所示。若车轮轮毂形状比较特殊,需加装卡具适配环如图6-26所示。

图6-25　安装快速卡具　　　　　图6-26　加装卡具适配环

(5)操作定位仪。

打开测试主机之后,进入测量程序的初始状态,按屏幕提示进行操作。

①按下"Logo"屏幕上的"开始定位",启动定位程序。屏幕上会出现"编辑工作单",如图6-27所示。

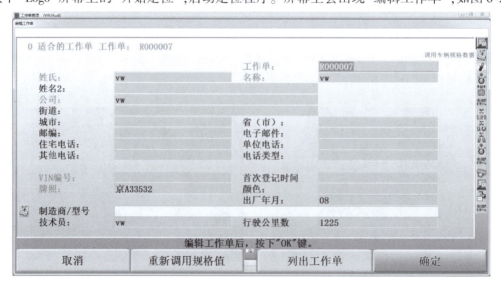

图6-27　初始状态

填好以后,点击"确定"。如果不需要编辑工作单,点击"取消",进入到下一步。屏幕出现"规格值数据库",如图6-28所示。

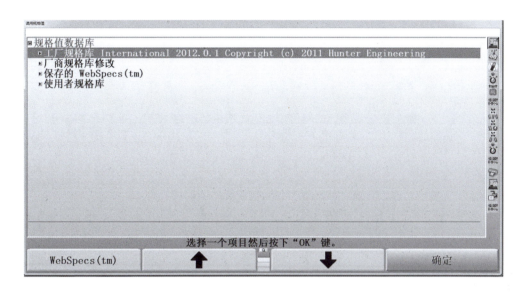

图6-28 规格值数据库

规格值数据库中包括4个目录,即工厂规格库、厂商规格库修改、保存的Webspecs和使用者规格库。原厂的车型数据在工厂规格库中,其他3个是更新数据时用到的。

②选择"工厂规格库China",进入到中国车型数据库,如图6-29所示。

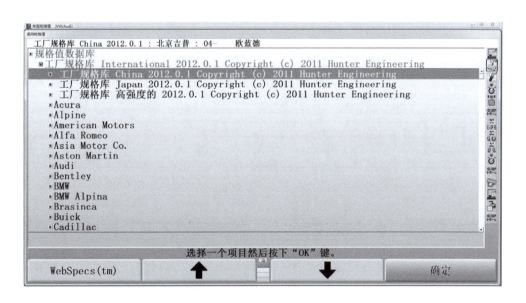

图6-29 工厂规格库

③点击"⬆"或"⬇"选择所需要车型的制造商,如图6-30所示。

点击"确定",选择车辆制造商,如"上海大众"。然后,屏幕上会列出所选制造商的可用车辆型号,如图6-31所示。

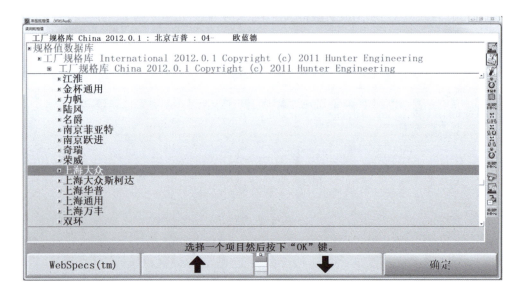

图 6-30　选择制造商

图 6-31　选择车辆型号

④点击" ↑ "或" ↓ "找到所需的车辆型号,如"00-06 帕萨特 1.8GLI"。00-06 代表是 2000 年到 2006 年之间生产的,06-代表 2006 年以后生产的。

点击"确定"选择型号。然后显示该车型的数据,把测试主机内的检测车型标准数据导出显示的标准数据(或参考使用说明书)填写表 6-3。

⑤偏差补偿的要点:

确认转盘和滑板上的销子锁紧;

在后轮大约 20cm 处放上挡块,限制车辆后移;

打正方向,安装转向盘锁;

轮胎转动方向应为车辆正常行驶时的转动方向;

学习任务6 四轮定位

四轮定位基础信息表　　　　　　　　　　　　　　　　　表 6-3

车　轮	项　目	规　格　值	公　差
前轮	左轮外倾角		
	右轮外倾角		
	外倾角差值		
	左轮主销后倾角		
	右轮主销后倾角		
	后倾角差值		
	总前束		
	左轮主销内倾角		
	右轮主销内倾角		
	内倾角差值		
后轮	左轮外倾角		
	右轮外倾角		
	外倾角差值		
	总前束		
	推进线夹角		

按显示屏提示方向移动车辆,直到条形图变为绿色,如图 6-32 所示。

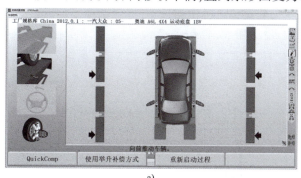
a)
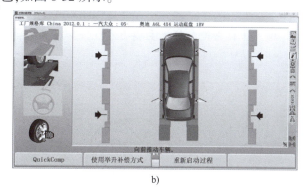
b)

图 6-32　条形图变为绿色

🗂 小提示

建议通过转动左后轮来移动车辆。滚动补偿时,不得推拉车辆的前轮。不得推拉阻流板、仪表盘或其他零部件。快速补偿结束时,车辆的位置是正常检查和定位调节的位置。执行程序后,不允许从新安装调节卡具角度。在补偿过程中,某些车辆需要注意的地方,可参考调整图解,如图 6-33 所示。

⑥调整前检测。补偿结束后,程序会提示测量车辆的后倾角和内倾角,按屏幕提示的转向盘图案进行操作:先对中,然后右转 20°,再左转 20°,接着_____。

2)四轮定位数据分析

(1)根据得出的结果,有哪些定位角度不正确?

_____

（2）如果不对超出规定值的参数进行调整，可能会导致什么问题出现？
_____

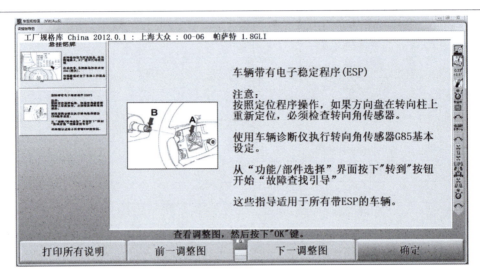

图 6-33　调整图解

学习拓展

使用传统车轮定位仪对车辆前轮定位进行检测

传统车轮定位仪主要由水准仪和转角盘等部件组成，如图 6-34 所示。

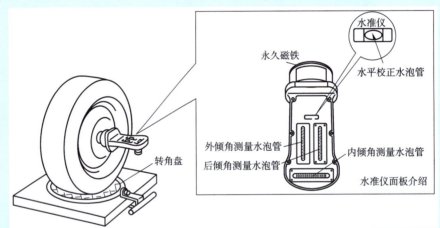

图 6-34　传统车轮定位仪

传统车轮定位仪对前车轮定位的检测步骤如下：
（1）取出转角盘的锁紧铁销。　　　　　　　　　　　　　　　　　　□任务完成
（2）将水准仪的中心杆对准定位仪适配器的中心装好。　　　　　　　□任务完成
（3）车轮外倾角的检测：
①车轮处于直线行驶状态。　　　　　　　　　　　　　　　　　　　□任务完成
②将水准仪中的水平校正水泡管中的水泡对准"0"。　　　　　　　　□任务完成
③记下外倾角测量表上的气泡刻度读数。车轮外倾角为_____。

(4)测量主销后倾角检测。

①将待测车轮前部朝外转动20°,如图6-35a)所示。　　　□任务完成

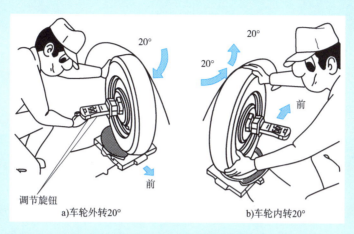

图6-35　按需求角度转动前轮

②拧定位仪正面的调节旋钮,将主销后倾角和主销内倾角测量表中的气泡分别对准"0"刻度。

□任务完成

③将车轮从正向前方位置向内转动20°,如图6-35b)所示。　　　□任务完成

④记下主销后倾角和主销内倾角的相应气泡刻度。

主销后倾角为_____;主销内倾角为_____。

(5)用同样的方法,测量车辆另一侧的外倾角、主销后倾角以及主销内倾角。

车轮外倾角为_____;主销后倾角为_____;主销内倾角为_____。

(6)前束测量(前束尺测量法)。

①前轮保持在正向前方位置。　　　□任务完成

②在每个前车轮轮胎后部胎面的中点,做上记号,如图6-36所示。　　　□任务完成

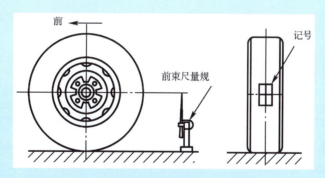

图6-36　在前车轮后部胎面的中点作记号

③测量轮胎记号处于后端时两个记号之间的距离,如图6-37所示。

④向前推动车辆,直至轮胎后面的记号转至与位于车轮前方的前束量规等高的位置为止,如图6-37所示。　　　□任务完成

⑤测量轮胎记号处于前端时两个记号之间的距离,如图6-37所示。

⑥计算前束的方法,如图6-38所示。

$$前束值 = L_后 - L_前$$
$$\underline{\qquad} = \underline{\qquad} - \underline{\qquad}$$

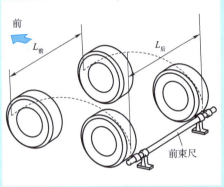

图6-37 前束测量

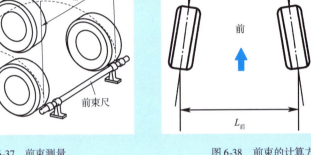

图6-38 前束的计算方法

小提示

测量地点应平坦,测量前束时,应使车辆朝前移动。测量完毕之前,不要使车辆向后移动。

7. 如何对不正常的四轮定位角度进行调整或维修？常见的调整位置有哪些？

(1) 四轮定位的角度调整顺序：
后轮外倾角→后轮前束→前轮_____→前轮_____→前轮前束。
注意：有些项目是否可调,视车型结构而定。
(2) 定位调整。
做定位调整前,先完成下面操作：
①先用转向盘锁将转向盘固定成水平状态。　　　　　　　　　　　　　　　　□任务完成
②再升起举升机到合适调整的高度,将举升机锁止在水平安全位置。　　　　　□任务完成

小提示

如果车辆后轮定位参数是可调的(较为高档的轿车后轮定位),则可参照屏幕上显示的数据进行调整,调整方法参考拓展内容。

在检测的数据出来后可进入前轴调整步骤,在此仅介绍麦弗逊悬架(丰田花冠或捷达)的车轮外倾角和前束的调整方法。其定位调整的步骤如下：
①外倾角的调整。
a. 用二次举升器将车辆的前轴举起。　　　　　　　　　　　　　　　　　　□任务完成
b. 在用二次举升将车辆前轴举起后,按照屏幕显示的数据进行外倾角的调整,如图6-39所示。

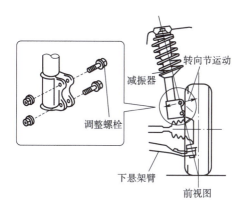

图 6-39　前轮外倾角调整位置

　　c. 松开减振器下支座安装螺栓。　　　　　　　　　　　　　　　　　　　□任务完成
　　d. 推动轮胎改变轮胎与悬架支座之间的位置,使屏幕外倾角数据变成绿色。　□任务完成

 小提示

丰田花冠需更换两颗直径较小的下支座安装螺栓才能进行此步调整;捷达可直接调整,因为捷达减振器下支座螺栓孔是偏心结构。

　　e. 拧紧减振器下支座安装螺栓。　　　　　　　　　　　　　　　　　　　□任务完成
　　f. 左右轮外倾角调整是否完成?　　　　　　　　　　　　　　　　　　　□是　□否
　　g. 降下举升机,车辆前轮在举升机平台上停稳。　　　　　　　　　　　　□任务完成
　　h. 抓住车辆前轴的悬架部分,下拉几次,以使车辆前轴的悬架复位。　　　□任务完成
　②前轮前束调整。
　　a. 前束调整前,把转向盘居中并锁定转向盘,如图 6-40 所示。　　　　　　□任务完成

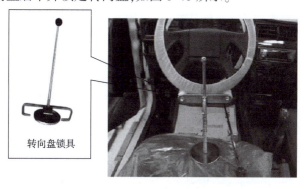

图 6-40　转向盘锁具

　　b. 用钳子拧松齿条防尘套夹箍,如图 6-41 所示。　　　　　　　　　　　□任务完成
　　c. 用两个开口扳手松开横拉杆锁紧螺母。　　　　　　　　　　　　　　　□任务完成
　　d. 如图 6-42 所示,通过旋钮横拉杆,改变拉杆长度使屏幕前束数据变成绿色。□任务完成
　　e. 调整时要保证左右两侧的横拉杆调整的大小要一致。　　　　　　　　　□是　□否
　　f. 拧紧横拉杆锁紧螺母。　　　　　　　　　　　　　　　　　　　　　　□任务完成
　　g. 安装好齿条防尘套夹箍。　　　　　　　　　　　　　　　　　　　　　□任务完成
　　h. 左、右轮前束调整是否完成?　　　　　　　　　　　　　　　　　　　□是　□否

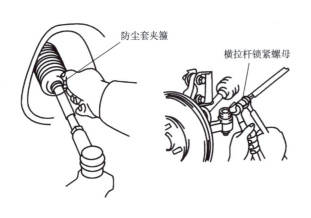

图 6-41 横拉杆

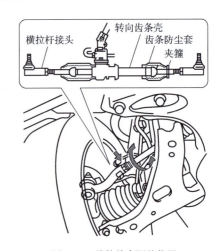

图 6-42 前轮前束调整位置

i. 调整过程中面临的问题：_____

小提示

不要试图用矫直零件进行定位。损坏的零件必须被更换。

学习拓展

其他悬架对应四轮定位调整位置

1. 前轮下悬架臂型外倾角调整位置

如图 6-43 所示，是进行四轮定位中哪一个项目的调整？

□主销后倾角　　　□主销内倾角　　　□车轮外倾角　　　□车轮前束

当转动调整凸轮时，下悬架臂往内侧移动，那么该角度：

□变大　　　　　　□不变　　　　　　□变小

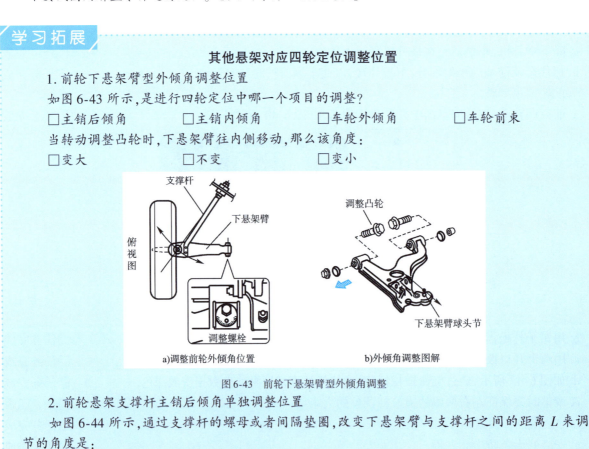

a) 调整前轮外倾角位置　　　　b) 外倾角调整图解

图 6-43 前轮下悬架臂型外倾角调整

2. 前轮悬架支撑杆主销后倾角单独调整位置

如图 6-44 所示，通过支撑杆的螺母或者间隔垫圈，改变下悬架臂与支撑杆之间的距离 L 来调节的角度是：

□主销后倾角　　　□主销内倾角　　　□车轮外倾角　　　□车轮前束

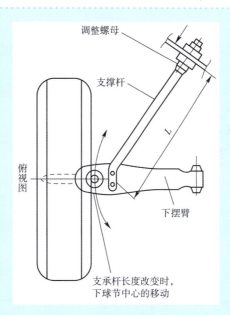

图 6-44 前轮悬架支撑杆主销后倾角单独调整位置

当转动调整螺母和锁紧螺母往里面收时,支撑杆的长度 L 变短了,而下悬架臂往后面移动那么该角度:

□变大   □不变   □变小

主销后倾角调整,在参照标准值调整的同时,要注意左右两车轮的对称性不能超过 $0.5°$,一旦超过,将影响车辆跑偏甚至轮胎偏磨。调整时必须注意对称性。

3. 可调后悬架车轮定位的常见位置(高档轿车后独立悬架)

后桥独立悬架的汽车的后轮定位是通过调节车轮外倾角和前束来完成的。调整车轮外倾斜角和前束的方法不同。要视悬架的类型和结构而定,如图 6-45 所示。

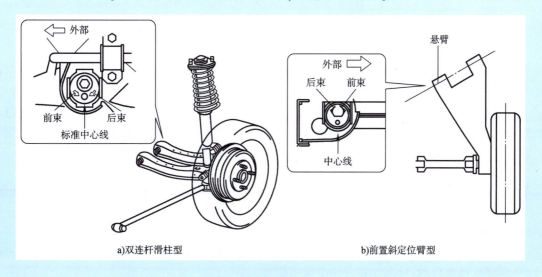

a)双连杆滑柱型   b)前置斜定位臂型

图 6-45

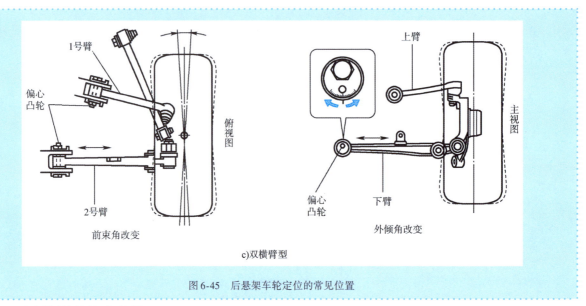

图6-45 后悬架车轮定位的常见位置

(3)车辆调整的注意事项。

①前后轮外倾角调整,在参照标准值调整的同时,注意左右两车轮的对称性不能超过0.5°,一旦超过,将导致汽车行驶跑偏甚至轮胎不正常磨损。调整时必须注意左、右外倾角对称。

②主销内倾和外倾角的调整是同步的,其目的是为了不改变包容角数值,当外倾角和主销内倾无法同时调整到标准值时,应首先解决外倾角的问题。

③检查前束前,车轮的外倾角和主销后倾、内倾要调整好。也就是说,前束是先测量最后调整的参数,因为外倾和主销在调整时,前束值也会发生变化。

④前束调整时平均调整两轮分前束,把总前束调整到标准值范围内,调整以中间值为准。

(4)调整后检测。

将举升机降回到调整前测量时的高度,将举升机锁止在水平安全位置。进入调整后测量步骤,其步骤与调整前检测的步骤相同(即重新检测四轮定位),确保调整后的定位角度正确。

 小提示

如果在调整后测试结果为两前轮的单独前束值与定位调整过程中调整好的前束值有较大差别,原因可能是因为在调整结束后,将车辆降下来的过程中,转向盘位置发生了改变,导致两前轮的位置改变。因此,每个车轮的单独前束值会与定位调整时的值不同,但前轮总前束不会改变。由于进入调整后检测时所显示的前轮单独前束值会被记录,并在最后的测量结果中显示出来,从而使得调整结果报告中的前轮单独前束值有可能为不合格。而实际情况是前轮总前束是合格的,只是因为转向盘没有对中。

在完成所有调整项目后,把四轮定位仪的传感器、信号线、夹具等仪器拆卸并放回原位。 □任务完成

 8. 对车辆四轮定位调整修理后,怎样进行道路检验?

(1)在车辆向前直行时,转向盘是否处于居中位置? □是 □否
(2)车辆在平坦的路面时直行时是否有向左或向右偏行? □是 □否

(3)是否发生过大的转向摆动或颤抖？　　　　　　　　　　　　　　□是　□否
(4)转向时是否轻便。　　　　　　　　　　　　　　　　　　　　　□是　□否
(5)放开转向盘时是否可迅速、平稳地返回中间位置？　　　　　　　□是　□否
(6)制动时车辆是否跑偏？　　　　　　　　　　　　　　　　　　　□是　□否
(7)转向盘打至极限位置时,转向和悬架零件是否与底盘或车身接触。□是　□否
道路测试的结果如何？
_____
_____

> 学习拓展

故障案例：跑偏故障原因的诊断和处理

跑偏故障是汽车行驶故障中比较常见的类型,在此请结合前面学习的轮胎、转向、悬架以及四轮定位的知识综合分析,并参照检测流程图(图6-46～图6-48)诊断故障原因、排除故障。

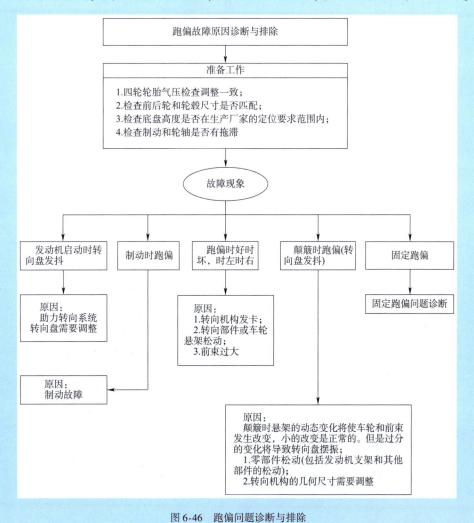

图6-46　跑偏问题诊断与排除

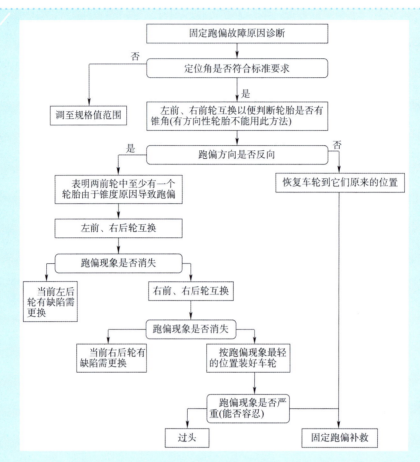

图 6-47　固定跑偏故障诊断

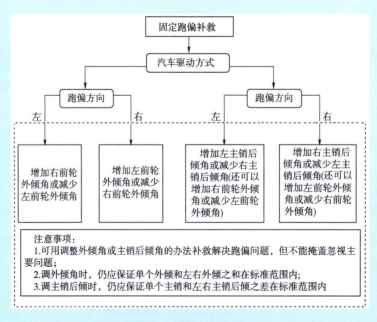

图 6-48　固定跑偏补救

三、评价与反馈

1. 使用(维修)案例分析

(1) 故障现象。

帕杰罗 V33,行驶里程超过 25 万 km。直行时必须紧拉转向盘,否则立马右行。

(2) 故障分析。

检查转向系、制动系及行驶系均无明显异常。

该车采用发动机前置后轮驱动形式;不等长双横臂前独立悬架,下控制臂是非"I"字形 A 架结构,在上控制臂可用调整垫片的方式来调整前轮外倾角和主销后倾角;后悬架采用非独立悬架,定位参数不可调。

理论分析和实践证实,对于后轮驱动的汽车,前轮主销后倾角左右差异太大是引起跑偏严重的主要因素。因此,我们推断对于此车主要是因为前轮右主销后倾角过小引起直行时偏右严重。

(3) 故障排除。

经四轮定位仪检测后的数据证实了我们的推断,右主销后倾角为 -2°25′,左边是 1°21′。其他数据均无太大异常。如果能够想办法使 -2°25′靠近 1°21′的话,问题应能得到解决。根据帕杰罗 V33 的维修手册,在前悬架上摆臂的前端垫片厚度不变的情况下,后端每增加 1mm 的垫片,则主销后倾角增加约 27′,根据这些数据,我们可以计算出使 -2°25′靠近 1°21′应在右上摆臂后端增加垫片的厚度:[1°21′ - (-2°25′)]/27′ = 8(mm)。

这样,在右上摆臂后端加 8mm 的垫片而前端的垫片厚度不变,再用四轮定位仪检测,则数据显示两边的主销后倾角值已基本接近了,重新调整前束角后试车,故障已彻底消除,车主相当满意。

问题一:是什么原因造成主销后倾角变小甚至变负了呢?

问题二:汽车前轮设置主销后倾角的目的是为了什么?

2. 学习自测题

(1) 在车轮定位之前,下列哪项可以不用检查?(　　)

　　A. 轮胎压力　　　　B. 轮胎平衡　　　　C. 轮胎状况　　　　D. 车轮轴承调整

(2) 装有滑柱式悬架且无后倾角调整装置的汽车后倾角超出规范值。技术员甲说,原因可能是上滑柱滑柱座磨损;技术员乙说,可通过在滑柱上锉平安装螺栓孔,移动滑柱位置来校正后倾角。谁正确?(　　)

　　A. 只有甲正确　　B. 只有乙正确　　C. 两人均正确　　D. 两人均不正确

(3) 技师甲说,在气泡平衡器上平衡轮胎时,将气泡移至视窗玻璃中心所需配重应分成两半,安放位置相差 180°;技师乙说,在气泡平衡器上平衡轮胎时所需配重应分成两半,一半装在车轮的前面,一半装在车轮的后面。谁正确?(　　)

　　A. 只有甲正确　　B. 只有乙正确　　C. 两人均正确　　D. 两人均不正确

(4)技师甲说,正主销后倾角过小会导致转向沉重;技师乙说,在车轮定位中,最后调整前束。谁正确?(　　)

　　A.只有甲正确　　　　B.只有乙正确　　　　C.两人均正确　　　　D.两人均不正确。

(5)对于前轮摆动的汽车,作为一名技术人员,请你对此可能存在的前悬架故障的汽车进行分析,并说明解决办法。

3.维修信息获取练习

(1)通过查阅维修手册(或者上网查找),每个小组找出两种不同车型的定位参数,并记录在下面空白处。

_____。

_____。

(2)结合四轮定位的工作过程,以小组为单位,通过讨论和查找资料将四轮定位不良引起行驶故障的原因填写在表6-4中。

四轮定位不良引起行驶故障的原因　　　　表6-4

序号	状况	故障	原因
1		转向盘太重	
2		转向盘发抖	
3		车辆往左或右跑偏	
4		转向盘不正	
5		轮胎块状磨损	
6		轮胎羽状磨损	
7		轮胎单边磨损	
8		凸波状磨损	

4. 学习目标达成度的自我检查(表6-5)

自我检查表　　　　　　　　　　　　　　　　　　　　　　　　　　　表6-5

序号	学习目标	达成情况(在相应的选项后打"√")		
		能	不能	如果不能,是什么原因
1	叙述四轮定位各参数的定义和作用			
2	完成四轮定位检测前的准备工作			
3	利用四轮定位仪检测车轮定位参数			
4	对车辆行驶状况进行故障分析并作适当的调整和维修			
5	参考本工作计划,独立制订其他车型四轮定位的调整计划			

5. 日常表现性评价(由小组长或者组内成员进行评价)

(1) 工作页填写情况。（　　）

　　A. 填写完整　　　　B. 缺失0~20%　　　　C. 缺失20%~40%　　　　D. 缺失40%以上

(2) 工作着装是否规范？（　　）

　　A. 穿着校服(工作服)、佩戴胸卡

　　B. 校服或胸卡缺失一项

　　C. 偶尔会既不穿校服又不戴胸卡

　　D. 始终未穿校服、未佩戴胸卡

(3) 能主动参与工作现场的清洁和整理工作吗？（　　）

　　A. 积极主动参与　　　　　　　　　　B. 在组长的要求下能参与

　　C. 在组长的要求下能参与,但效果差　　D. 不愿意参与

(4) 操作汽车举升器或起动发动机时,进行安全检查并警示其他同学吗？（　　）

　　A. 有安全检查和警示　　　　B. 无安全检查,有警示

　　C. 有安全检查,无警示　　　　D. 既无安全检查,也无警示

(5) 是否达到全勤？（　　）

　　A. 全勤　　　　　　　　　　B. 缺勤0~20%(有请假)

　　C. 缺勤0~20%(旷课)　　　　D. 缺勤20%以上

(6) 总体印象评价。（　　）

　　A. 非常优秀　　　B. 比较优秀　　　C. 有待改进　　　D. 急需改进

(7) 根据表6-6的内容进行小组评价,将评价情况填入表中。

学习情况反馈表　　　　　　　　　　　　　　　　　　　　　　　　　　　表6-6

序号	评价项目	评价情况
1	小组在接到任务之后,是否分工明确	
2	小组同学之间,交流学习内容是否顺畅	
3	遇到难题时,小组能否分工协作	
4	能否通过小组合作完成检修过程	
5	能否保持工作环境的干净整洁	

(8) 其他建议：

小组长签名：_____　　　　　　_____年_____月_____日

6. 教师总体评价

(1) 对该同学所在小组整体印象评价。（　　）

　　A. 组长负责，组内学习气氛好

　　B. 组长能组织组员按要求完成学习任务，个别组员不能达成学习目标

　　C. 组内有约1/3的学员不能达成学习目标

　　D. 组内大部分学员不能达成学习目标

(2) 对该同学整体印象评价：

_____

_____

_____

教师签名：_____　　　　　　_____年_____月_____日

参 考 文 献

[1] 沈沉,惠有利,刘杨.汽车构造(底盘部分)[M].2版.北京:人民邮电出版社,2016.
[2] 文恺.新型丰田汽车维修技师手册(机械维修)[M].北京:化学工业出版社,2016.
[3] 武华.汽车底盘构造与拆装工作页[M].2版.北京:人民交通出版社,2013.
[4] 李清明.汽车底盘故障分析详解(下册)[M].北京:机械工业出版社,2010.
[5] 全国汽车维修专项技能认证技术中心编写组.悬架和转向系统[M].北京:教育科学出版社,2008.
[6] 詹姆斯·D·霍尔德曼,小蔡斯·D·米切尔.汽车操纵与悬架系统[M].北京:中国劳动社会保障出版社,2006.
[7] 丰田培训手册——车轮定位及轮胎[M].丰田汽车维修技术教育,2009.
[8] 唐·诺里斯,杰克·尔贾维克.悬架系统及转向系统[M].吉林:吉林科学技术出版社,2011.